FAO中文出版计划项目丛书

订单农业监管制度研究

联合国粮食及农业组织　编著

康　菲　等　译

中国农业出版社
联合国粮食及农业组织
2021·北京

引用格式要求：

粮农组织和中国农业出版社。2021年。《订单农业监管制度研究》。中国北京。

前　言
FOREWORD

　　负责任订单农业是指能够产生经济效益、具有包容性与环境敏感性、符合一国农业和经济发展宏观目标以及联合国粮食及农业组织（粮农组织）《负责任订单农业活动指导原则》（粮农组织，2012）的订单农业。本立法研究报告为国内监管机构评估和改革负责任订单农业的国内监管制度①提供了指导。监管制度能够解决各方权力不对等等问题，通过纠纷解决方法增强法律保障与确定性，并提高透明度，从而促进营造有利于负责任订单农业发展的环境（第3章第2节）。

　　国家不同，订单农业监管方式也不尽相同，并没有放之四海而皆准的方案。一些国家不对订单农业专门立法，而是依赖现有的一般性监管制度。各国历史、政治、传统、国际义务、法律、制度和资源不同，这些都会影响该国订单农业监管的重点和战略（Vapnek和Melvin，2005）。

　　监管方式评估中，各国应始终考虑其现有的国家法律体系和现行法律（第2章第1节）。还应研究农业生产部门的特点，包括适用于农民的社会和劳动法、市场结构、政府政策重点和所有利益相关方（尤其是生产方本身）的利益，以及国际市场参与模式和深度。因此，本立法研究报告不主张采用单一方式监管订单农业，而是举例提供几种不同的方案供参考。希望在读者考虑是否以及如何监管订单农业时能够有所裨益，帮助读者做出更加明智、有实证依据的选择。

---

　　① 本出版物将"监管制度""法律框架"和"法律制度"作为同义词使用。

本立法研究报告在《订单农业法律指南》(《2015年法律指南》)[①]的基础上写成。《2015年法律指南》由国际统一私法协会(统法协会)、粮农组织以及国际农业发展基金(农发基金)写成,重点关注农业生产方与发包方的关系。从合同谈判到合同终止的整个关系,包括履约以及违约或合同解约,指南都提供了建议和指导,旨在帮助读者更好地理解合同条款及相关实践的法律含义,打造更稳定、更均衡的关系,协助当事方设计并执行完善的合同,推动建立有利的订单农业环境。

本立法研究内容超出了《2015年法律指南》的范围,更深入地探讨了订单农业的国内法律制度。本报告对有着不同法律传统的全球各区域代表性国家进行了详细的案例分析和研究,重点关注开展订单农业国家的国内监管制度,力图帮助监管机构和政策制定者根据农业部门的关键潜在问题和目标评估其现有的订单农业[②]监管制度,运用《2015年法律指南》指导并探索优化负责任订单农业[③]监管制度。

本立法研究报告和《2015年法律指南》均符合世界粮食安全委员会2014年10月通过的《农业和粮食系统负责任投资原则》。《2015年法律指南》还与《农业和粮食系统负责任投资原则》目标一致,即为利益相关方提供能够使用的制度框架,以负责任和包容性方式制定国内政策、监管制度、企业社会责任方案、个人协议和合同。

本立法报告研究和《2015年法律指南》在监管方面为参与订单农业的广大公共和私营部门利益相关方提供了全面的法律指导,两者互为补充。

---

① 统法协会,粮农组织和农发基金.2015.统法协会/粮农组织/农发基金:订单农业法律指南.罗马.《法律指南》可在粮农组织网站(http://www.fao.org/documents/card/en/c/35879fbf-b7d2-4b34-8fbc-24d86507855d/)及统法协会网站(https://www.unidroit.org/instruments/contract-farming/legal-guide)上查询。

② 订单农业有不同的术语表述,如"农业合同""生产合同""一体化合同""聚合合同""订单农业"或"农业产业合同"。统法协会,粮农组织和农发基金.2015:19-19.

③ 对巴西、柬埔寨、智利、芬兰、格鲁吉亚、德国、印度、马拉维、摩洛哥、俄罗斯、西班牙和美国明尼苏达州进行了案例分析。此外,也对不同国家法律进行了适度分析。

　　本立法研究报告由 Teemu Viinikainen 编写，Carmen Bullón Caro 提供了大量资料并进行了协调工作，Bill Garthwaite 为最终成书做出了重要支持。Bellinda Bartolucci，Christiaan Duijst，Gabriel Arancibia Fischer，Nino Gogsadze，Amina Lattanzi，Marsela Maci，Dominique Martinson，Niranjana Menon，Julia Naomi Nakamura，Komkrit Onsrithong，Pilar Sanchez Valenzuela，Luana Swensson，Kassia Watanabe 和 Rachel Zuroff 提供了国别案例研究和其他实质性研究的资料。本书核心编写团队还要感谢 Marco Camagni，Marie Claire Colaiacomo，Carlos da Silva，Eva Galvez-Nogales，Valerie Johnston，Christa Ketting，Caterina Pultrone，Marlo Rankin，Costanza Rizzo，Purificacion Tola Satue，Margret Vidar 和 Sisay Yeshanew 在整个过程中提出的意见和支持。

　　粮农组织法律办公室发展法处认可并感谢统法协会，特别是 Frédérique Mestre 对本立法研究报告提出的宝贵意见及作出的重大贡献。

缩 略 语
ACRONYMS

ADR	非诉讼纠纷解决机制
Agri-PPP	农业领域政府和社会资本合作
CADEC	监督、发展与统筹委员会
CARL	《全面农业改革法案》
CARP	全面农业改革计划
CFS	世界粮食安全委员会
CFS-RAI Principles	《农业和粮食系统负责任投资原则》
CISG	《联合国国际货物销售合同公约》
EC	欧洲联盟委员会
EEC	欧洲经济共同体
FAO	联合国粮食及农业组织
IFAD	国际农业发展基金
IPRs	知识产权
LEGN	粮农组织法律办公室发展法处
OECD	经济合作与发展组织
PPPs	政府和社会资本合作
RIA	监管影响评估
TRIPS	《与贸易有关的知识产权协定》
U. S. C.	《美国法典》
UNCTAD	联合国贸易和发展会议
UNIDROIT	国际统一私法协会
UPICC	《国际统一私法协会国际商事合同通则》
UPOV	国际植物新品种保护联盟
US	美国
USAID	美国国际开发署

目　录
CONTENTS

0 引　言

0.1　订单农业的内涵

订单农业即"依据买方和农民所签协议进行农业①生产的体系，协议规定了一种或多种农产品的生产及销售条件"（粮农组织，2012，第1页）。通常，农民（以下称为"生产方"）承诺按商定数量生产并交付某农产品。农产品应符合买方（以下称为"发包方"）质量标准，并在发包方指定时间供货。相应地，发包方同意按商定定价条件购买该产品，并通常以提供投入品、整地或提供技术咨询等方式支持生产（粮农组织，2012）。

实际上，订单农业形式多样，可能涉及多个不同主体。Shepherd（2016）认为订单农业存在多种模式，并介绍了其中三种常见模式。示例一中，发包方向生产方提供全部投入品和推广服务②，最终价款扣除以上成本。这种单纯的双方关系不涉及第三方。该关系根据 Shepherd（2016）观点整理如图1所示。

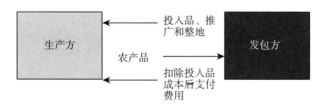

图1　仅含一生产方和一发包方的订单农业

以上示例是最为简单的订单农业形式。Shepherd（2016）还介绍了略为复

---

①　本文"农业"取其广义含义，涵盖范围不限于：种植业、木质和非木质林产品生产、渔业和水产养殖。

②　至少包括实物投入（种子、化肥、农药、幼畜、兽药产品等）、推广服务（整地、采收等）以及融资支持（信贷预付、担保等）。

杂的示例二，其特点是存在独立的投入品供应商。该模式中，发包方仍提供部分推广服务。发包方还能够为生产方从第三方获取的投入品支付费用，成本同样从最终价款中扣除。三方关系根据 Shepherd（2016）观点整理如图 2 所示。

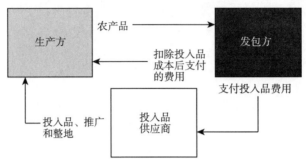

图 2　包含一生产方、一发包方以及一个或多个投入品供应商的订单农业

最后一个示例中，发包方从银行或其他金融服务供应商处贷款，依靠贷款进行生产必需的采收前活动。投入品供应商为生产方提供投入品，银行依据发包方贷款申请支付投入品费用。采收完成后，发包方在支付生产方的最终价款中扣减成本，偿还银行贷款。四方关系根据 Shepherd（2016）观点整理如图 3 所示。

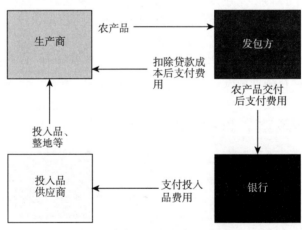

图 3　包含一生产方、一发包方、一家银行以及
一个或多个投入品供应商的订单农业

为简明起见，本立法研究将主要通过上文示例（仅含一生产方和一发包方）来分析案例和图示。但应该注意，后两种示例代表的做法仍属于本书所定义的订单农业范畴。读者在考虑制定监管制度（第 3 章第 3 节）之前，应认真辨析本国各类型订单农业。

以上三种模式并非订单农业的唯一分类方式。Eaton 和 Shepherd（2001）

在订单农业经典著作中，根据产品、发包方资源以及生产方和发包方关系密切程度提出了另外五种模式。第一，集中式，核心加工商（发包方）从多个纵向协调的小农处采购原材料。第二，核心农场式，与集中式存在相似之处，但发包方还同时管理一处核心农场或种植园。第三，多方模式，类似于图 2 和图 3 中的示例二和示例三，除生产方和发包方还有多个组织参与。第四，非正式模式，特点是个体企业主或小企业以非正式合同的方式参与。第五，中间商模式，发包方将与生产方的联系分包给中间商。Eaton 和 Shepherd（2001）详细探讨了以上模式的优缺点。

以上示例和模式中，订单农业均可视作整个农业价值链①的重要组成部分，有助于稳定农产品供应。订单农业将生产者与加工商、零售商、出口商等主体的网络对接，使其有机会享受到进入可持续食品价值链的优势。可持续食品价值链的定义是："各类农场、企业与由其协调的一系列增值活动，即生产初级农产品、转化为食品、出售给最终消费者且用后加以处置，全过程均能创造利润，具有广泛的社会效益，且不会造成自然资源永久枯竭"（Neven 2014，第 vii 页）。受当下某些国际趋势影响，人们不断认识到，负责任订单农业等模式形成的可持续、纵向协调的农业价值链意义重大，下文将作探讨。②

0.2　驱动订单农业增长的趋势

人口增长等社会人口学结构变化意味着需要供应更多粮食来养活全球人口。据粮农组织目前估计，到 2050 年，全球粮食需求预计将比 2013 年增长 50% 左右（粮农组织，2017）。除粮食数量需求外，膳食结构也因快速城市化、收入和生活水平提高而发生变化，例如动物蛋白、植物油和食糖摄入量增加。相比传统现货市场③，通过价值链协调生产能够提高生产和营销体系效率，从而推动全球粮食生产数量与质量齐升。这一点也离不开粮食体系商品化的功劳。粮食体系商品化将农业生产的主要目的从个人消费（自给）和本地消费变为贸易和出口，为此必须增加数量和提高质量。

新兴经济体正在改变传统经济均势，后果之一是涌入农业领域的外商直接投资剧增，发展中国家表现尤为明显。部分外资大规模投资土地，导致小农流

---

① 如未明确指出，本出版物中"供应链""价值链"和"生产链"等术语含义相同。

② 如欲全面了解粮食和农业状况，请读者前往粮农组织网站免费获取粮农组织年度出版物《粮食和农业状况》。截至撰稿时，该系列出版物最新（2016 年）版本的主题是气候变化与农业。见粮农组织 . 2016a. 粮食和农业状况：气候变化、农业和粮食安全 . 罗马；另见粮农组织 . 2017a. 粮食和农业的未来：趋势和挑战 . 罗马。

③ 现货市场上，商品交易需立即交付。本质上讲，生产者无须事前往来，直接向买方出售。

离失所、农村人口失去收入和生计以及负面环境影响等相关风险。订单农业有助于最大程度降低风险，并强化正面影响。投资项目包含订单农业时，农民通过订单农业谈判能够在项目该部分的实施方面享有发言权，并保有土地控制权。总体来讲，由于生产者能够继续耕种自有土地，将为当地社会经济发展带来积极影响（Liu，2014）。

世界经济力量转移和新兴经济体壮大显著促进了国际农产品贸易。国际买家中超市的身影越来越多（da Silva 和 Rankin，2013），而超市的采购方式更倾向于集中采购、专业批发商、首选供应商体系和专用质量标准（Shepherd，2005）。保证充足供应且满足专用标准，对现货市场来说相当具有挑战性。为确保特定优质产品数量充足，越来越多的价值链开始采用订单农业模式。

技术进步也推动了国际国内价值链和订单农业的出现。仓储和配送体系不断完善，为提高全球配送产品的鲜度创造了条件。国际发包方目前可以直接与遥远国度的生产方建立订单农业关系。生物技术和其他增产技术进步可提高单产和质量，但通常需要发包方为生产方提供细致的指导说明，介绍新方法的正确应用方式。订单农业本身就具有投入品供应和咨询建议体系，可推动这种形式的技术转移。

公共政策、法规以及随着富裕程度和受教育程度提高而日益增长的消费者压力，全都迫使农业担负更多环境责任。消费者不仅健康意识提高，也越来越关心与所购产品相关的、更高层面的环境和社会责任问题，例如劳动条件、动物福利和环境保护。为保证合规产品稳定供应，大型超市及其他发包方可以利用订单农业确保生产方遵守这些要求。

0.3 订单农业的优势与风险

对各国农业生产体系来说，订单农业可创造经济财富，通过生产更多更优质的产品提高供应链效率，并推动实现粮食安全。[①] 订单农业对家庭农业的支持通常体现为，农业生产者可以继续耕种自有土地。这一点对发展中国家影响

---

① 曾有多份粮农组织出版物对订单农业的优势与风险进行广泛探讨与分析。例如，见统法协会、粮农组织和农发基金．2015．统法协会/粮农组织/农发基金订单农业法律指南．罗马；粮农组织．2013．包容性农业企业发展中的小农联系一览，Paglietti, L. 和 Sabrie, R. 粮农组织．罗马；粮农组织．2015．包容性商业模式——生产者团体与农产品买方增强联系指南，Kelly, S., Vergara, N. 和 Bammann, H. 罗马，意大利；及 Pultrone, C. 2012. 订单农业概论：法律问题和挑战．Unif. L. Rev. 2012-1-2. 以上研究结论的概述足以供本立法研究之用，读者如有兴趣可访问粮农组织订单农业资源中心，该资源中心汇集了来自粮农组织内部以及订单农业领域其他著名作者的一系列材料：http://www.fao.org/in-action/contract-farming/en/。

尤为深远，订单农业为小规模生产者创造了机遇，从小规模本地生产转为大规模商业化生产。订单农业还可促进实现具体标准和技术规格所蕴含的社会目标。例如，由于各方承担合同义务，可推动成立生产者团体，提高小规模生产者能力，确保劳工拥有更好的工作条件，或有助于避免将妇女或传统社区等特定人群排斥在外（统法协会/粮农组织/农发基金，2015）。

订单农业是发包方与生产方之间的一种经济关系。如果双方关系做不到合乎法律、经济可行和可持续，那么任何潜在惠益都难以成为现实。监管机构可以通过订单农业支持小农和农村地区，但为长远利益着想，做法必须符合经济现状，且绝不能危及订单农业的财务可持续性。某些国家存在多方面市场缺陷，导致私营农企的创建和交易成本难以承受，订单农业在这些国家的作用尤为突出，是私营农企发展的重要助力。当市场的生产、贸易和加工体系较为分散时，农业企业很难获得稳定的产品供应，不利于实现建立专业关系所需的信任度（Will，2013）。订单农业，尤其在执行得力且监管制度清晰的情况下，则可弥补以上缺陷，在农业食品企业部门日益激烈的竞争中为私营企业提供支持。

订单农业的另一优势是便于各方通过书面协议提前规划生产，加强产品供需协调。这有助于避免生产过剩或生产不足（生鲜产品问题尤为突出），以及由此引发的价格剧烈波动。多个国家已经认识到订单农业在支持高效价值链方面的潜力。例如，西班牙最近出台的一部旨在强化食品供应链功能的法律推动了订单农业的发展。[①] 法律前言指出，价格剧烈波动、投入品成本高企和国际市场不稳定是导致食品部门竞争力和利润下降的罪魁祸首。[②] 该法提出，应建立更加清晰和监管更完善的食品链各方契约关系，应对前述效率低下问题。[③] 正如法律前言所说，"食品价值链良好运行至关重要，能确保所有经营者可持续增值、促进提高全球竞争力并最终造福消费者。因此有必要从全球视角看待问题，关注食品供应链上的所有主体。"[④]

此外，订单农业还能将小农与价值链对接，并为其拓宽销路。销路稳定即买家有保证，便于提前规划生产。由于劳动效率高、经常性开支低，小农生产某些产品甚至比大规模农企更有竞争优势。生长季或养殖周期中需要悉心照料

① 西班牙. Ley de medidas para mejorar el funcionamiento de la cadena alimentaria. (12/2013)。

② 西班牙. Ley de medidas para mejorar el funcionamiento de la cadena alimentaria. (12/2013)，前言Ⅰ。

③ 西班牙. Ley de medidas para mejorar el funcionamiento de la cadena alimentaria. (12/2013)，前言Ⅲ，第2和9条。

④ 西班牙. Ley de medidas para mejorar el funcionamiento de la cadena alimentaria. (12/2013)，食品价值链运转情况改善措施，前言Ⅰ。

的作物和牲畜等劳动密集型产品尤其如此（统法协会/粮农组织/农发基金，2015）。因此，只要具备生产者组织化等适宜条件，小农就能通过参与订单农业提高价值链效率。

然而，订单农业也有可能为各国及其农业生产体系带来风险。如种植作物单一，或急需时不能将作物充作粮食，某些情况下订单农业可能会危害生产者的粮食安全和营养安全。如认为必要且恰当，可出台政策，要求生产者将部分土地留作自给性生产之用，最大程度降低风险（统法协会/粮农组织/农发基金，2015）。

环境问题也有可能出现。越是放任自流，各方追求短期利益而牺牲环境长期可持续性的风险就越高。但可以通过政策和监管加以约束（第2章第2节（6）款），利用订单农业推广环境可持续性更强的生产方式。此外，如上文所述，订单农业各当事方因消费者施压更加关注生产方式的环境可持续性（统法协会/粮农组织/农发基金，2015）。

以订单农业促发展的主要障碍，一方面是订单农业无法以最贫困人口为对象。原因在于，相对富裕的农村小农更有条件以稳定质量和数量供应产品，通常吸纳这些群体获利更多（Neven，2014）。另一方面，农场规模是否适合某种生产类型与当前生产品种密切相关；小型农场有时可能比大型农场更具竞争优势，茶叶或可可等某些低产优质产品的生产就是如此。

深入分析发现，个体生产者采用订单农业模式一举多得。他们能有更多机会，用上比公开市场质优价优的投入品，还能直接从发包方或从第三方处获得更多授信。某些订单农业模式还为生产方提供先进的新技术。更重要的是，订单农业为生产方提供了产品销路保障。某些时候，高价值作物生产者甚至还能进入利润更丰厚的国外市场。最后，参与订单农业还有助于培养生产者的管理技能（Vermeulen 和 Cotula，2010）。

然而，生产方在订单农业中也面临一些潜在重大风险。经订单农业渠道得来的信贷资金如果不能恰当使用，可能导致债台高筑、难以为继。工作条件变化，例如新农药的使用，可能会影响到生产方的家人或工人。此外，劳工问题还有可能产生敏感影响，尤其是赖以生产的季节性用工缺少社会保障或社会保障不充分时。视具体情况不同，如果农业供应链体系未将性别平等作为基本方针或未予足够重视，女性将无法充分享受到订单农业的优越性（统法协会/粮农组织/农发基金，2015）。生产方与发包方话语权不对等这一常见问题则进一步加剧了上述风险。有时，发包方自恃市场规模大、技术实力强，起草合同时向己方利益倾斜。某些情况下，尤其是能从公开市场低价买到类似产品时，发包方甚至会在交货时试图挑剔质量或篡改数量，找借口拒绝收货，转而从其他渠道购买（Vermeulen 和 Cotula，2010）。

对发包方来说，订单农业的主要优势之一是无须买地即能获得土地资源，而购买土地成本高、难度大，还会产生重大声誉风险。通过订单农业，发包方的货源更加稳定可靠，原因是生产任务分散给多个小农摊平了生产风险；即使个别小农的生产活动受到虫害或不利天气严重影响，供应总量和总体质量仍能满足发包方需求。最后，关键优势是发包方能够确保生产方遵守共同商定的某些做法，这也是满足认证要求的前提条件（Shepherd，2016）。

另一方面，发包方风险多与生产方私自销售有关。私自销售指的是生产方为谋高价，将协议生产产品卖给发包方以外的第三方（第 4 章第 3 节（1）款）。私自销售或将导致关系解除，从而损害双方长期利益。除最终产品外，生产方还可能将生产投入品用于非合同产品，或将投入品出售给第三方（Eaton 和 Shepherd，2001）。虽然有多个生产者分散风险，但发包方仍然面临一定程度的供给风险（Vermeulen 和 Cotula，2010）。如果少部分生产者从其他生产者处购买不符合标准的产品充入约定数量，交付给发包方，情况还会进一步恶化，对发包方和生产方均有不利影响。例如，对于以"无农药"蔬菜为卖点的企业来说，如果某些生产者所供蔬菜来自附近用药农户，就会产生问题（Shepherd，2016）。订单农业对双方的优势与风险见表 1。上文论述潜在优势与风险，仅为印证任一策略或方法都做不到完美无缺或放之四海而皆准。

表 1　订单农业的潜在优势与风险

生产方优势	发包方优势
·投入品、服务和信贷易于获取 ·生产改进，管理技能提高 ·销路有保障 ·收入更稳定	·原材料供应稳定 ·产品符合质量安全标准 ·相比在企业自有土地上进行全链条生产，投入品和劳动力成本降低

生产方风险	发包方风险
·价格上涨时无法出售给其他买家，丧失灵活性 ·可能出现付款延误和投入品供货延迟的现象 ·背负债务 ·种植单一作物具有环境风险 ·生产方和发包方议价能力不对等	·与多个小生产者订立合同，交易成本高昂 ·生产方决定违约，私自销售给其他人 ·如果生产方将企业提供的种子化肥挪作他用，可能造成投入品不合理使用 ·供货渠道无法灵活转换 ·一旦出现问题会产生声誉风险

资料来源：粮农组织 2017b.

---

①　企业投资土地可能被视为勾结或支持腐败政权和人权侵犯者。还有可能被看作土地掠夺者，尤其是在粮食不安全国家。可能认为投资者勾结或支持腐败政权和人权侵犯者。在粮食不安全国家还有可能被看作土地掠夺者。见 Cotula, L., Vermeulen, S., Leonard, R. 和 Keeley, J., 2009. 土地掠夺还是发展机遇？非洲农业投资和涉外土地交易. 国际环境与发展研究所/粮农组织/农发基金，伦敦/罗马。

从公共政策角度来看，政府可通过推广订单农业等手段增加出口、发展农业私营部门、帮扶农村地区和小农，或增加国内市场农产品供应（第3章第1和2节）。如果农产品留在国内市场上，则本国生产用于消费的农产品更多、价格更实惠，从而维护粮食主权。

1 农业生产合同的定义

由英文名（Contract Farming）可知，订单农业带有合同关系。连接农产品买家与农业生产者的农业生产合同是所有订单农业的核心。[①] 本立法研究采用了《2015年法律指南》中农业生产合同的定义，即："生产方承诺按照发包方规格生产并交付农产品。发包方则承诺以一定价格购买该产品，且通常以提供投入品和技术咨询等方式在一定程度上参与生产活动"（统法协会/粮农组织/农发基金，2015，第2页）。第一章基于该定义探讨了农业生产合同的特点。农业生产合同与普通销售协议或远期销售协议[②]的显著差异在于发包方积极参与生产过程。本章结尾重点介绍了订单农业与土地使用合同、联合经营、雇佣合同及合作社协议之间的区别。

1.1 显著特征

农业生产合同虽然存在差异，但仍具有一些显著特征。明确这些特征有助于揭示交易本质及所适用的现有法律规定。此外，某些显著特征对于评估订单农业的潜在优势及其良好运转需要应对的潜在风险尤为重要。

（1）当事方分类

农业生产合同通常涉及双方：直接参与农产品生产的生产方，以及承诺购买或以其他方式接受产品的发包方（通常从事加工或营销活动）。

生产方可以个人身份、某些企业形式或通过合作社等生产者组织参与订单

---

① 经济分析见 Da Silva, C. 订单农业在农业食品体系发展中的作用 日益重要：驱动因素、理论和实践，农业管理、营销和金融服务 粮农组织，罗马，2005。

② 远期销售协议是买卖双方在未来某一时间以一定价格或根据特定定价公式进行一定数量商品交割的约定。见 Myong Goo Kang 和 Nayana Mahajan. 2006. 农产品价格风险管理市场工具一览. 农业管理、营销和金融工作文件12. 粮农组织。

农业。通常，生产方提供土地（自有、租用或通过其他使用权获得）、固定设备、劳动力和部分投入品。生产方参与方式在很多国家具有重要意义，决定着这一关系所适用的国内法律法规。例如，合作社与社员之间的交易由专门的合作社相关法律约束，不属于订单农业相关法律或其他一般法的管辖范围（第1章第2节（4）款）（统法协会/粮农组织/农发基金，2015）。

发包方委托生产方进行生产，并提供一定程度的支持，例如提供投入品、服务、资金和生产过程把关。发包方通常是农产品制造商或加工商，将产品出售给最终消费者（越来越多的品牌超市这样操作），或出售给供应链其他参与者进行深加工和转售。发包方也可以是批发商或出口商。既可以是单一私营商业实体，也可以是合作社。

涉及其他参与方，例如多个生产方、一家投入品供应商或一家银行机构（引言第1节）的复杂交易也会用到农业生产合同。这些相互独立的合同关系或影响着农业生产合同，或受农业生产合同影响。本立法研究对复杂体系不作深究，仅在相关之处提及。

虽然较为少见，但公共政府机构也能够以发包方的身份参与农业生产合同。公共机构常常以机构买方身份购买农产品，满足学校、医院、军队或公共服务领域其他需求。对于政府公共机构参与的订单农业，很多国家对采购流程作出特殊规定，例如通过竞争性投标程序选择承包方（统法协会/粮农组织/农发基金，2015）。本立法研究范围仅限于适用私营参与方关系的法律规定，并不涵盖公共采购规定。

（2）发包方在生产中的角色

农业生产合同与销售合同或远期销售合同等其他农业合同的主要区分特征是，发包方积极参与生产过程。农业生产合同通常赋予发包方一定的生产过程控制和监管权，实物投入品、服务和技术提供、资金支持和技术指导等也包括在内。除参与生产外，发包方还承诺购买产品或根据安排为生产方在产品生产中提供的服务支付报酬。根据合同，生产方的主要义务是按照合同条款和条件生产商品并交付发包方，所用投入品和资金通常来自发包方（统法协会/粮农组织/农发基金，2015）。

合同及公共法规对双方履约情况均有严格复杂的规定，最终产品质量安全和生产方法要求更是重中之重。此外，双方义务往往相互挂钩，因此一方履约情况通常取决于另一方合规情况。其他显著特征包括：生产开始前签订农业生产合同；合同设有固定期限，为一个或多个生产周期。

1.2　农业生产合同与农业部门其他类型合同的区别

订单农业使用的农业生产合同绝不是当事各方组织农业生产的唯一合同形式。本节探讨了与订单农业功能相似的四种合同类型：土地合同、联合经营、雇佣合同，以及合作社与社员签订的协议。除此之外，还有其他类似合同关系受各国承认。以上合同多有专门监管制度，尽管可能与订单农业有交叉，但不一定完全适用于农业生产合同。因此，关注订单农业的监管机构需要先摸清其法律体系中现有的类似合同安排及其与订单农业的关系。

（1）土地使用合同

订单农业并非土地使用合同。对于发包方来说，订单农业的主要优势之一是无须取得生产性土地使用权即可获得农产品。土地往往由生产方提供，或为自有，或为租用，或通过其他类型使用权获得。而在其他农业合同中，农业企业（有时是生产者）能在不购买土地的前提下获得土地使用权。例如，租赁管理合同指的就是由土地所有者之外的一方耕种土地的各类安排（Vermeulen 和 Cotula，2010）。

土地所有者与承租人的关系是有效租赁合同的核心，国家应给予一定形式担保或支持（粮农组织，2004）。租赁协议并不向小农外包农业生产，而是直接将生产用地外包。承包方则会通过建立种植园等方式提供自身劳动力，耕种土地。土地所有者未必参与生产，但定额收取土地使用租金。租赁协议一般由专门的法律制度监管。某些情况下，如法律体制允许，租赁法规适用范围也可加以扩展，用于某些订单农业形式。管理合同与租赁合同相似，通过管理合同，农业企业能够完全掌控土地所有者所持有的土地上开展的生产活动。但管理合同的收益分配方式更多，不仅限于固定租金，例如根据约定方案分配最终利润（Vermeulen 和 Cotula，2010）。

与订单农业不同，无论租赁合同还是管理合同，土地所有者均无权决定农场管理事务，只是被动提供土地，不一定参与实际生产活动。因此，两者与订单农业的差异十分明显：土地使用合同仅仅提供土地使用权，订单农业则侧重于可交付产品，且涵盖了土地所有者及其劳动力提供的劳动和其他服务。

分成协议是另一种形式的管理合同，个体生产者为大型农企或其他生产者种地，双方按预定比例分配产品（或其收益）。所以分成协议与前两种合同形式刚好相反，为小农提供土地使用权，而非为农企提供小农土地的使用权（Vermeulen 和 Cotula，2010）。由于作物收成好坏直接关系到分成者利益，分成协议为分担风险和调动分成者积极性创造了条件，而且历来都是无地者获得土地使用权的途径。另一方面，分成制通常不及现金租赁合同高效，且可能带有剥削性质（Vermeulen 和 Cotula，2010）。

分成制与订单农业类似，只是某些角色进行了对调。分成制中，整体实力更强的一方提供生产用地，生产方往往在提供劳力的同时还提供非固定投入品，例如机械、种子和肥料。订单农业的生产方耕种自有土地，而分成制中承租人从企业处租种土地，在谈判中通常处于劣势，一旦不遵守企业条件就面临无地可种的境地（Vermeulen 和 Cotula，2010）。

(2) 联合经营

订单农业并非联合经营。农业生产合同的生产方作为独立法人，虽然与发包方存在经济联系，但应保持资产和业务管理自主权。如发包方控制权的性质和程度表明生产方已缺乏法律自主权，则可认定生产方和发包方实际已形成联合经营，也称合伙、事实企业或其他类似概念（统法协会/粮农组织/农发基金，2015）。

联合经营是两个独立的市场主体（例如农业企业和生产者组织）共同拥有的经营项目。联合经营中，双方分担财务风险和收益，且多数情况下决策权与股权成正比（Vermeulen 和 Cotula，2010）。理论上，双方应是地位平等的合作伙伴和项目共有人，但现实中，小农在联合经营中的实际权力十分有限，业务决策大权由农业企业独揽（de Schutter，2011）。

从法律角度看，联合经营与订单农业的区别在于前者的项目所有权共有。但作此区分并非易事，尤其在联合经营未经注册，且运营中并未另行成立有明确法人资格的合营企业时（Vermeulen 和 Cotula，2010）。因此，监管机构如若考虑修订订单农业监管制度，应确保其干预措施仅限于订单农业本身，而不会给平等合作伙伴之间真正意义上的联合经营带来意外影响或阻碍，毕竟后者未必受益于订单农业扶持制度的规定。为此，法律条文可明确指出当事方相互独立。

(3) 雇佣合同

订单农业不是雇佣关系。订单农业和雇佣关系有时很难做到泾渭分明，当发包方对生产方的监督权和控制权之广已严重削弱生产方实际独立性时尤其如此（统法协会/粮农组织/农发基金，2015）。无论如何，由于订单农业协议双方相互独立、地位平等，两者之间并非雇佣关系。这一点有时甚至在监管制度中被厘清，例如，巴西订单农业法明确指出，订单农业关系不构成雇佣关系。[①]

---

① 巴西.Lei sobre os contratos de integração vertical nas atividades agrossilvipastoris（No 13.288），第 2（3）条。

有时，人们以订单农业之名行雇佣关系之实，主要动机是逃避雇主责任（Yeshanew，2016）。在巴西等国，由于农村工人也适用一般劳工法，某些发包方难抵诱惑，利用订单农业逃避雇主应当负担的财务成本及其他成本（有时数额巨大）。这一现象进一步促使监管机构确保其对农业生产合同和雇佣合同所作定义足够清晰、区别明显，从而提高伪装难度。

（4）生产者与合作社协议

合作社是一类特殊的企业，平衡了两个主要目标：满足社员需求，同时追求利润和可持续性（粮农组织，2012b）。[①] 合作社可与社员订立多种类型协议，为社员生产者产品营销提供支持或直接参与其中。本节将以代理协议和销售协议两种合同类型举例说明，除此之外还有集体销售协议或营销方式相同的直销协议等多种可能性。

如社员产品需单独分开，而且向发包方交货至出售的时间相对较短，合作社与社员（生产方）可以采用代理协议，由合作社担任生产方代理。代理人是有权代表另一人（本例中代表生产方）为其所供商品或服务的销售或采购进行合同谈判或订立合同的法人或自然人。由于代理人的所有权力均来自生产方，代理协议应说明代理人对生产方产品的控制权限。该关系中，代理人仅为生产方利益代表，与发包方不存在合同关系（Poole，2012）。

相反，如社员产品需集中起来或加工成高附加值产品，或交货至销售的间隔较长，可执行销售协议。销售协议赋予合作社将产品转卖第三方的权利，也就是说，如果营销合同规定社员产品由合作社采购，合作社不仅接手产品，还获得其所有权。只有在合作社同时取得货物和所有权后，产品损失的风险才从社员转移至合作社。

实际情况下，由于合作社能够对社员产品行使的权力十分广泛，合作社往往收货之后就免除社员全部义务，但严格来说此时所有权仍属于社员（Reilly，1992）。

两种协议形式均与本立法研究探讨的农业生产合同高度相似。主要差异在于，合作社不是产品的最终买受人，而是在产品营销和生产过程中为生产者提供支持，并与其分担成本。某些法律体系还专门作出规定，防止混淆两种合同类型。例如，法国在规范订单农业标准合同的法律中明确指出，农业合作社与社员的关系不受订单农业条款约束。[②]

---

① 粮农组织．2012b．办好农业合作社，粮食安全添保障．罗马。

② 法国．Code rural et de la pêche maritime，Chapitre VI Les contrats d'intégration，第 L326-5 条。

2 订单农业法律制度探究

2.1 订单农业法律制度的构成

无论一国法律是否对订单农业作出专门规定，订单农业始终受该国法律制度约束。不同法律体系中，订单农业所适用的法律法规或许在监管目的和适用范围方面存在差异。这些法律法规包括但不限于一般合同法、农业法以及针对供应链和特定商品的法规。本节简要介绍了订单农业监管中最常见的法律领域，其中或包含或不包含订单农业具体规定。重要的是，即使法律体系中确实存在订单农业专门规定，其他领域法律仍可包含默认适用或明文指出适用于订单农业的规定（插文 1）。这类规定将作为补充，为特别法未涉及的问题提供应对途径。

➔ 插文 1　任意性规范和强制性规范

当订单农业相关法律中某一问题在协议中的表述不明确、不完整或未予提及时，监管机构可采用"任意性规范"。任意性规范为补充性质，为普遍或特殊问题提供解决方案，确保协议顺利执行，并从合同公正性和经济效率方面促进各方利益最大化。

另外，监管机构也可使用"强制性规范"，即各方不得变更或排除的规范。强制性规范限制协商自由，例如要求各方必须或不得将某些条款列入合同。法律也应规定强制性规范的有效执法机制。

首先，在众多法律体系中，一般合同法规定了所有合同交易中的强制性最低行为标准，并明确规定具有法律行为能力、可订立合同的主体。尽管适用范围与方式不尽相同，但大多数法律体系下的一般原则均包括在整个合同关系存续期间本着诚信、善意、理性、忠实和公平的原则行事的义务。此外，一般合同法以所有合同的根本性内容为规范对象，例如合同的解释、订立和效力、内容或标的、违约和救济措施、时效期限和权利转让。

若一个国家以其一般合同法作为订单农业的法律基础，则农业生产合同的适用规定取决于类推①适用的合同关系。决定合同所属具体法律类别的因素之一是合同所特有的基本义务的性质，例如货物合同或服务合同。许多农业生产合同往往十分复杂，基本义务繁杂多样而难以分类，为此，法律体系也采用不同方式来确定该类合同交易的性质。下面介绍三种类型。第一，合同关系的混合性质意味着需要辨明其中的各种合同类型（"销售""租赁"和"托管"②），最终整个合同关系受多个合同制度约束，合同义务看似毫不相干。第二种情况更简单直接，将某特定履约行为（例如销售或提供服务）视为交易的主要内容，则该履约行为对应的法律制度适用于整个合同关系。第三种情况下，交易性质独特（"*sui generis*"），类推适用类似合同相关规定（第1章第2节），且仅限于符合该交易内容的规定（统法协会/粮农组织/农发基金，2015）。

部分监管机构直接在一般合同法合同义务条款中写入订单农业相关规定。由于普遍适用于所有农业形式，此类条款通常表述宽泛。

以《俄罗斯联邦民法典》为例，该法典仅包含少数直接涉及农业采购合同的条款，其中列出了发包方和生产方的主要职责以及生产相关责任。③ 重要的是，这些条款也明确提及《俄罗斯联邦民法典》其他章节内容，例如："合同涵盖目本段未加规定的合同关系应适用交货合同规定（第506－524条），但交货目的为满足国家需要时应适用农产品销售合同交货规定（第525－534条）。"④

以一般合同法作为法律依据的农业生产合同通常归入普通国家法院管辖范围。所有法律体系都应保证司法自由公正，并确保为私人当事方解决纠纷的法官的独立性。法庭诉讼主要遵循强制性法律，由于需要为诉讼当事方提供程序性保障，通常较为正式。然而，普通法院的诉讼程序往往复杂漫长，不适于解决订单农业纠纷（第4章第3节（1）款）（统法协会/粮农组织/农发基金，2015）。

---

① 类推适用法律规定是习惯法法律体系最典型的特征。

② "托管是指在有限时间内或出于特定目的（如：运输）转移个人财产（如：商品）的占有权而非所有权，从而使持有该财产的个人或企业实体在一定程度上对该财产的损失或损害承担责任。"韦氏词典中"托管"的定义。2017年（2017年12月14日）。

③ 俄罗斯.Гражданского кодекса，第535－538条。

④ 俄罗斯.Гражданского кодекса，第535（2）条。

农业法在部分国家汇编成农业法典，通常解决农业生产与销售问题，并对农业合同作一般性规定。农业合同大类不一定符合本立法研究对订单农业所下定义，但其适用规定仍然可以通过类推方式并以适合法律体系的范围与方式适用于农业生产合同。大类合同也决定了农业生产合同的整体法律环境。农业合同规定包括禁止滥用权利条款、列入当事方身份条款、合同标的和期限说明，以及付款方式、执行日期和当事方签字。①

订单农业专门条款可根据监管方意图进行详尽或概括性阐述，并反映国家法律传统。例如，法国和巴拿马农业法均包含订单农业相关规定。法国《农村与海洋渔业法》囊括与订单农业相关的大部分问题，且规定具体程度视商品而有所不同。如此一来，该法至少确定了某些产品合同的内容要求，包括产品规格、当事方相互义务、合同期限、续约条件、不可抗力条款、违约救济和纠纷解决②。《巴拿马共和国农业法典》③包含规范所有农业合同的通用条款④以及进一步规范纵向一体化合同（买方向农民提供技术服务）的专用条款。⑤由于法国和巴拿马的农业法典均不全面，其各自民法典必将在农业合同领域发挥作用（Pultrone, 2012）。

特定商品法通常包含该商品相关信息，例如价格、生产规格和当事方监管义务。尽管这些内容未必以订单农业为对象，但却体现了当事方合同关系及农业生产合同的特点。监管机构也可在特定商品法案中加入订单农业规定，但这些规定仅适用于特定商品，而不适用于其他农产品。

例如，坦桑尼亚针对茶叶、咖啡、剑麻、棉花、烟草、除虫菊和食糖制定了专门法律。这些法律要求，为了给注册农民提供便利，必须强制使用合同，也规定了农业生产合同必须包含的基本内容，并要求到有关部门办理合同登记。⑥

阿根廷里奥内格罗省有针对特定水果生产合同的特别法，法律规定了生产

---

① 巴拿马. Código Agrario de la República de Panamá，第49条。

② 法国. Code rural et de la pêche maritime，第R631-11-R631-14条；第R326-1-R326-10条和第R631-7-R631-10条。

③ 巴拿马. Código Agrario de la República de Panamá，（2011年5月23日第55号法案）。

④ 巴拿马. Código Agrario de la República de Panamá，（2011年5月23日第55号法案），第41-49条。

⑤ 巴拿马. Código Agrario de la República de Panamá，（2011年5月23日第55号法案），第134-138条。

⑥ 坦桑尼亚. 茶叶法，1997（1997年第3号法案），第25A条，坦桑尼亚. 咖啡产业法案，2001（2001年第23号法案），第34A条；坦桑尼亚. 剑麻产业法案，1997（1997年第2号法案），第19A条；坦桑尼亚. 棉花产业法案，（2001年第2号法案），第14A条；坦桑尼亚. 烟草产业法案，2001（2001年第24号法案），第7A条；坦桑尼亚. 除虫菊法，（1997年第1号法案），第24条；坦桑尼亚. 糖料产业法案，2001（2001年第26号法案），第37条。

合同必备内容，要求当事方和合同均进行登记，并为当事方登记合同提供激励措施。[1]

　　将订单农业相关条款写入农业法或特定商品法能将订单农业纳入专门处理农业相关纠纷的司法机构的管辖范围。法院或特别法庭程序往往更简单便捷，对当事方成本影响较小（Masrevery，1975），并能保证司法纠纷解决的公正性和执行力，有利于解决订单农业产生的分歧。即使未将订单农业相关规定明确写入农业法或特定商品法，监管机构也可以将农业生产合同交由专门法院管辖，方式是确保法院管辖权延伸至农业生产者与企业订立的合同（第 4 章第 3 节（1）款）。

　　另一个与订单农业经营相关的法律领域是供应链法。供应链法的约束对象不仅包括初级生产方与发包方之间的关系（长供应链的上游环节[2]），还包括整个生产链从生产方（甚至投入品供应商）到终端消费者之间的各个环节。供应链法也包含远期销售合同规定，适用于某些农业生产合同类型。

　　供应链法还包含生产链上游某环节（即农业生产合同）的具体规定。供应链法往往涵盖整个链条，因此对订单农业关系的具体规定通常对供应链整体需求更为敏感，例如对供应链第三方角色和权利的规定更加详细。西班牙已通过法律，明确承认订单农业和食品供应链之间的联系。

　　该法适用范围是全供应链内的订单农业活动及所有食品供应链参与方。[3]

　　若订单农业是公共发展计划的重要组成部分，监管机构也可在公共发展计划相关法律中写入订单农业具体规定。例如，菲律宾 1988 年通过的《全面土地改革法》制定了《全面土地改革计划》。[4] 计划旨在为佃农提供土地，为农村贫困人口提供更好的机会（粮农组织，2016）。《全面土地改革法》支持农企经营项目，即本土化的订单农业模式。[5]

　　在巴西政府批准通过的《国家生物柴油生产和使用计划》中，订单农业属于关键内容。[6] 除国家经济目标外，该计划的另一具体目标是定向纳入小规模农民，有助于实现可持续性目标。该计划通过"社会燃料标识"认证计划管理工农关系。"社会燃料标识"由巴西农业部授予认证。为获得该认证，生物柴

---

　　① 阿根廷里奥内格罗省 . Regimen de transparencia para la vinculacion entre la produccion, empaque，industria y commercializacion de frutas en Rio Negro（E 3.611），第 3，4，17，21－28 条。

　　② 第一环节通常理解为投入品供应商和生产方之间的联系。

　　③ 西班牙 . Ley de medidas para mejorar el funcionamiento de la cadena alimentaria.（12/2013）第 2 条。

　　④ 菲律宾 . 1988 年全面土地改革法（RA 6657）。

　　⑤ 菲律宾 . 1988 年全面土地改革法（RA 6657），第 29 节。

　　⑥ 巴西 . Dispõe sobre os critérios e procedimentos relativos à concessão，manutenção e uso do Selo Combustível Social（Portaria 337/2015）。

油生产商必须以合同形式向小农采购一定数量的油籽。法律要求合同必须包含投入品和服务条款，以及针对生产方的技术援助与培训，本质为订单农业协议。为获得"社会燃料标识"，须由官方代表机构（工会、协会或联合会）居中协商订单农业协议（da Silva 和 Rankin，2013）。获得认证的生物柴油生产商享受税收优惠，并获准参加由巴西国家石油、天然气和生物燃料局组织的闭门拍卖，拍卖成交额占巴西生物柴油交易的 80%（da Silva 和 Rankin，2013）。

制定标准合同是订单农业的常用监管方式。法律规定标准合同的制定规则，供各方强制或自愿使用。

法律可为标准合同制定提出指导意见，并指出不公正条款，还能够规范标准合同使用，保护处于弱势的一方，要求使用标准合同的发包方履行提供信息的义务，或要求条款清晰易懂（第 2 章第 3 节）。

西班牙第 2/2000 号法律为农业食品标准合同法，为特定农业生产部门提供标准合同。这些标准合同由代表生产、加工和销售各方的跨行业农业食品组织制定。法律规定了标准合同需满足的一系列要求，但具体规定的起草交由当事方代表机构协商。标准合同内容包括当事方身份、合同有效期限、标的（产品、数量、质量、交货和其他商业信息）、价格和支付方式以及纠纷解决机制。[①]

法国同样颁布了有关"农业一体化"（订单农业的当地说法）标准合同编制的法律。标准合同由私营部门有关方草拟，并经农业部长决定通过。该法律提出了标准合同必备条款，规定合同按生产部门阐明各方对等义务和对生产方的最低保障。需要特别指出的是，标准合同必须详细说明定价方式、超出后无须正式通知即应向生产方支付法定利息的支付期限、合同期限、生产总量和生产周期以及当事方违约赔偿责任。符合以上要求的合同方有资格获得公共投资援助。[②] 此外，若某发包方与生产方订立的一体化合同数量超过农业部长规定的数量，或与同一发包方签订一体化合同的生产方中至少 2/3 提出要求，则应以集体标准合同取代当事方单独合同。[③] 至于集体标准合同，法国通过了肉用犊牛[④]和肉鸡养殖[⑤]等专用一体化标准协议。

---

① 西班牙. Ley de enero, reguladora de los contratos tipo de productos agroalimentarios（2/2000），第 3 条。

② 法国. Code rural et de la pêche maritime，第 L326 - 5 条。

③ 法国. Code rural et de la pêche maritime，第 L326 - 4 条。

④ 法国. Arrêté du 15 mars 1988 relatif à l'homologation d'un contrat type d'intégration pour l'élevage à façon de veaux de boucherie。

⑤ 法国. Arrêté du 15 mars 1988 relatif à l'homologation d'un contrat type d'intégration pour l'élevage à façon。

监管机构也可不考虑具体商品，采用内容更全面的法律管理国内各用途订单农业。此类法律的核心内容通常包括以下要求：出具书面协议、某些必要内容条款以及明确的纠纷解决和执法程序。订单农业特别法的适用范围不限于特定商品，而由一国订单农业的定义所决定（第 4 章第 1 节（1）款），从而为各农业领域订单农业提供了法律依据。订单农业特别法通常比特定商品法的规定更宽泛，适用于各类商品。

美国多州制定了订单农业特别法。例如，1990 年，明尼苏达州先于其他州制定了专门直接规范农业生产合同的法律[①]（Peck，2006）。该法对合同的语言、格式、订立、审查和纠纷解决等方面提出了要求。摩洛哥订单农业法案列出了所有订单农业协议必须包含的强制性条款。[②] 条款内容包括价格与支付、商品最低质量标准、交货规定、各方的记录义务以及发包方应向生产方提供的援助的性质。[③]

一些国家也制定了合同范本（有的写入订单农业相关法律），用于指导国家订单农业发展。标准合同通常由利益相关者起草并达成一致（上文），而合同范本的文本则在相关法律中予以明确规定。合同范本可强制或自愿使用，为各方提供切实可行的解决方案。

各方可以合同范本为基础并根据各方需要及合同关系进行修改。合同范本可同时包含强制性条款和自愿性条款。例如，印度《农产品营销示范法》[④] 包含一份协议范本，该法明确了合同范本必备条款与内容以及印度希望推广的最佳实践做法。[⑤]

订单农业专门规定无须写入主体法，即议会通过的法律。监管机构根据国家法律体系和政策目标自由选择最能满足需求和符合规定适用范围的监管文书。一些国家选择附属法，即政府行使从属立法权通过的法律，作为管理订单农业的法律手段。根据国家法律体系不同，议会法律或仍需为各类型主体法项下的附属法提供法律依据。例如，越南总理签发的第 62/2013/QD-TTg 号决定就涉及订单农业。尽管法律等级低于议会通过的法律，[⑥] 总理签发的决定仍属于法律规范性文件，其规定具有法律约束力（Loi，2015）。第 62/2013/QD-TTg 号决定作为政策选择，聚焦规模化农业项目，有助于推动农户间横向合作，将小块土地连片，实现规模经济（Dang 等，2014）。

---

① 明尼苏达州. 明尼苏达州农业合同法案，（17.90 - 19.98）。
② 摩洛哥. Loi relative à l'agrégation agricole（no 04 - 12）。
③ 摩洛哥. Loi relative à l'agrégation agricole（no 04 - 12），第 9 条。
④ 示范法必须由各州实施才能使其在对应州具备法律效力。
⑤ 印度. 农产品营销示范法. 订单农业协议附录及规格示范. 2003 年 9 月 9 日。
⑥ 越南. 法律文件颁布法.（80/2015/QH13），第 4 条。

2.2 影响订单农业的其他法律领域

一些法律领域需要国内监管机构给予关注，确定其是否影响订单农业运营。下文将详细讨论这些法律领域，包括竞争法、不公平交易行为相关法律、投资法、知识产权法、国际人权法和环境保护法。劳动法和生产相关法律等诸多其他法律领域通常也与订单农业相关，值得深入分析。下文介绍并不全面，且并非所有国家一定涉及文中提及的所有法律领域，因此始终有必要针对国情开展深入分析，如此定能发现下文遗漏的其他法律领域。

(1) 竞争法

通常，竞争法适用仅限于某一做法损害整个市场公平公开竞争的情形，并不关注个别生产者是否遭受不公（美国司法部，2012）。因此，竞争法（也称反垄断法）并未规定订单农业的各种不公正情形应如何予以救济。"反垄断法旨在保护竞争而非竞争者"（美国司法部，2012，第20页），其效力由其适用范围决定。同样，"欧盟反垄断法不关注当事方合同谈判的具体结果，除非合同条款会对竞争过程产生负面影响并最终降低消费者福利水平"（欧盟委员会，2010，第28页）。竞争法适用于订单农业的情况主要有两种：第一，农产品买方限制相关市场竞争，滥用市场支配力。第二，适用农业领域竞争规定的例外情况。

①订单农业中的买方支配力与竞争法

与卖方垄断势力相反，买方垄断势力指的是买方的市场支配力。拥有买方市场支配力的企业能够将生产方供应的农产品价格压低到竞争价格以下，或限制其生产水平并区别对待供货生产者或生产者组织。竞争法禁止优势企业实施上述权力滥用行为（第2章第2节（2）款）。[①] 两个或多个企业的串通行为产生买方垄断，形成法律禁令卡特尔。卡特尔禁令禁止企业之间达成扰乱市场竞争的协议，尤其是直接或间接固定购买价格、限制或控制生产和股票市场或对交易相对方实行差别待遇的协议。

订单农业中的竞争问题通常牵涉生产方和发包方，但问题根本原因却在于发包方所处的市场结构。发包方市场往往高度集中（经合组织，2005a；经合组织，2013a），而发包方高度集中或缺乏竞争决定了特定市场中经营者的潜在市场支配力，使发包方有可能将不公平条款和做法强加于生产方（经合组织，

---

① 美利坚合众国. 休曼反垄断法案（美国法典§§1-7）第二节；欧盟. 欧盟运行条约合并版本（C326/47），第102条。

2013），从而导致竞争问题。因此，竞争主管部门对并购进行管控是避免农产品优势订购方和加工方今后实施市场支配力的前提条件。

法律可以有针对性地解决合同订立时严重滥用议价权力的问题。按照传统做法，竞争法适用前提是发包方已占据相关市场主导地位。即使发包方不占主导地位，生产方也因经济上过度依赖发包方而无法平等有效开展谈判。部分欧洲国家已采取措施解决发包方与生产方地位失衡问题，并禁止不公平行为。这些国家或是扩大国内竞争法管辖的范围，或是在专门的商法、或零售业或农产品等具体分部门的专门法中制定了类似规定（Renda 等，2014）。

②生产者组织与竞争法

一些反垄断法制度规定，只要不过度限制竞争，生产者组织开展活动不受竞争规则制约。鉴于许多订单农业通过生产者组织经营，此类豁免政策可能影响订单农业的可行性。

农业生产者组织的竞争规则豁免范围和适用范围有限，其商业活动满足特定条件方可豁免。换句话说，同样的法律，在提供豁免资格的同时，也允许公共部门（竞争主管部门或其他部门）采取干预措施，防止公众受到生产者组织反竞争行为的伤害（Barnes 和 Ondeck，1997）。例如，为避免竞争受到损害，欧盟竞争主管部门（欧盟委员会）或国家竞争主管部门可以在认为必要时重启生产者组织开展的某项谈判或认定完全无须谈判。[①]

在某些情况下，生产者组织会滥用反垄断豁免来垄断或限制贸易，从而过度抬高某一农产品价格。生产者组织还有可能通过强加会员义务的方式限制竞争。或以高额解约费用等合同解除条款的形式规定会员义务，或要求长期独家供应农产品，剥夺会员接触竞争对手的可能性。欧洲法院裁定，此类条款一旦结合使用会导致市场过于僵化并对竞争造成负面影响。[②]

（2）不公平交易行为相关法律

①农业领域的不公平交易行为

有些行为是不同法律体系所公认的不公平行为。法律对当事方免除或限制某一方责任或转嫁责任的能力加以限制。各种单方面的权力义务往往都是不公平的，例如，仅赋予一方合同解除权，[③] 仅免除或限制一方的责任，[④] 或允许一方在不征求另一方意见的情况下修改合同条款。鉴于解除合同可能产生巨大

---

① 欧盟．建立农产品市场共同组织的条例（1308/2013），第 149（6）条，第 169（5）条，第 170（5）条，第 171（5）条。

② Case C－399/93 Oude Luttikhuis，第 16 段。

③ 法国．Code de commerce，第 L. 442－6 条。

④ 泰国．不公平合同条款法（B. E. 2540），第 4 部分。

影响，监管机构也可将未经通知或无正当理由解除合同的行为列为不公平交易行为。同样，定价过高或过低以及逾期付款均可被视作不公平交易行为。尽管很少专门为订单农业制定不公平交易行为相关法律，但这类法律的适用范围通常较为宽泛，可适用于农业生产合同。

农业和食品行业就曾因议价能力不均与不公平行为引起关注，一方面是由于供应链正常运行会遭到干扰，另一方面是因为这些问题也给当事方带来困扰。

此外，不公平交易行为对中小企业影响尤为严重，"中小企业往往缺乏复杂合同的专业知识，且转换成本较高，交易关系较少，使用正式实施机制的意愿较低，与强势交易伙伴抗衡的能力较弱"（欧盟，2013，第9页）。

一般来说，不正当交易行为相关法律适用于商业领域当事方。例如，在法国，给商业伙伴强加义务造成"当事方权利义务严重不对等"的做法可视作不正当交易行为。[①] 某些法律体系也制定了专门保护小企业的特殊规定。例如，南非将针对消费者的保护措施适用于小企业。南非《消费者保护法》中消费者的定义范围很广，其中也涵盖一定规模以下的小企业，从而能够保护从发包方处购买生产资料的生产方。[②] 然而，这种保护适用情形有限或只针对特定目的，例如，小企业根据标准格式合同开展交易的情况。

一些法律体系直接将不公平条款和行为写入订单农业专门法律。西班牙明确了三类与农业生产合同等供应链合同尤为相关的不公平交易行为。首先，单方面变更和不可预见性商业付款相关章节禁止单方面修改既定合同条款和支付超出约定价款的费用。第二，虽然当事方应要求向对方提供履行义务所需信息，但当事方在任何情况下均不得要求另一方向第三方泄露产品敏感信息。第三，当事方必须根据竞争法管理品牌名称，避免与其他经营者品牌或商品名称产生混淆。[③]

②不公平交易行为相关法律的执行

一些国家指定专门机构负责审查和制裁交易方不公平行为做法。

该主管机构可能是竞争主管部门内的某个机构，通常关注食品杂货等特定行业，也可能是农业部等部门下属机构，例如：英国"商业、能源和工业战略部"[④] 下属机构（Renda 等，2014）。

---

① 法国 . Code de commerce，第 L. 442 - 6 条。

② 南非 . 消费者保护法（2008 年第 68 号法律），第 1 和 5 条。

③ 西班牙 . Ley de medidas para mejorar el funcionamiento de la cadena alimentaria.（12/2013），第 12 - 14 条。

④ 商业、能源和工业战略部（https：//www. gov. uk/government/ organisations/department-for-business-energy-and-industrial-strategy）上次访问时间 2017 年 6 月 28 日。

不同国家主管机构的权限和决策影响力也有所不同。不公平交易行为的公共执行机制具备某些典型特征，至少在欧盟范围内如此。某些法律体系允许受害方提起匿名诉讼来避免对方报复，从而一定程度上解决"恐惧因素"问题[①]（Renda 等，2014）。在订单农业实践中，有时难以确保匿名起诉的保密性，因为发包方能够从其为数不多的供应方中轻易推测提出起诉方。

另一典型特征是竞争主管部门有权主动开展调查，无须受影响方提起诉讼或其他要求。这种权力通常仅限于违反竞争法的行为，至少在欧盟如此（Renda 等，2014）。鉴于强烈恐惧可能阻止人们提起诉讼，甚至匿名起诉，竞争主管部门发起调查有助于在订单农业实践中落实不公平交易行为相关规定。

不公平交易行为相关法律规定的另一种执行方式是私人执行，即向国家法院提起诉讼。[②] 然而，当事人能够在多大程度上利用私人执行机制，无论是上庭诉讼还是非司法渠道，仍会受恐惧因素限制。

（3）投资法

外国投资者参与订单农业适用国内投资相关规定。

除商事法外，一些国家依靠投资法监管投资，尤其是外商投资。一部好的法律应该符合《农业和粮食系统负责任投资原则》（粮安委《负责任农业投资原则》）相一致，并支持逐步实现充足食物权（插文 2）。本节将集中讨论投资法和订单农业之间的关系。

➔ 插文 2　世界粮食安全委员会《农业和粮食系统负责任投资原则》

世界粮食安全委员会以包容性磋商进程为基础编制并通过《农业和粮食系统负责任投资原则》（《负责任农业投资原则》）。该《原则》旨在促进农业和粮食系统自愿性负责任投资，推动实现粮食安全和营养目标。该《原则》在范围上涵盖世界各国，具有普遍适用性，并承认并非各项原则在所有农业投资领域都同等重要。该《原则》十项具体原则涉及：粮食安全和营养，可持续和包容性经济发展与减贫，性别平等和妇女赋权，青年，土

---

① 本文中的"恐惧因素"是指合同关系中的弱势方因害怕强势方以解除合同的方式予以报复而不愿采取法律救济手段。

② 欧盟规定竞争法范围内的私人执行是指"反垄断法在国家法院民事纠纷中的适用"。欧盟委员会（2005）. 违反欧共体反垄断规定的损害赔偿诉讼绿皮书，布鲁塞尔，第 3 页。

地、渔业、森林和水资源权属，可持续自然资源管理，文化遗产、传统知识、多样性和创新，安全健康农业，包容性和透明的治理机构、流程和申诉机制，影响和问责制。该《原则》也设想了包括国家在内各类利益相关方的角色与责任。

　　资料来源：世界粮食安全委员会第四十一届会议"为实现粮食安全和营养而发挥作用"。意大利罗马，2014年10月13-18日。《农业和粮食系统负责任投资原则》。

　　国家投资法的一系列规定主要涉及外来投资（Burgstaller和Waibel，2011），内容通常包括适用投资的定义、投资准入条件、接受投资的经济领域、投资终止条件、投资规划、税收优惠及其他鼓励外商投资的措施（Parra，1992）。

　　订单农业是否属于投资行为取决于适用法律制度。一般而言，投资法适用范围较广（Parra，1992），因此订单农业可能适用其中规定。例如，喀麦隆2013年投资法将合同权力视为一种投资[1]，故可适用于订单农业。这类法律通常既适用于法人也适用于自然人，因此适用范围不受限。老挝人民民主共和国投资促进法规定，"投资方是指在老挝投资商业活动的国内外个人或法人实体。"[2]

　　确属投资法管辖范畴的订单农业受投资法规定约束。尽管各国投资法不尽相同，但某些共性的内容对订单农业十分重要，通常包括投资保护和投资限制，订单农业运营方式可能受此影响。

　　投资保护规定旨在为一国创造更具吸引力的投资环境，包括为订单农业投资创造环境。按照粮安委《负责任农业投资原则》的精神，部分投资保护规定也致力于保证投资行为履行经济、社会和环境责任。投资保护规定可确保投资行为不受国家任意干涉（Sornorajah，2004），例如，防止国家无偿征用，保证公平公正待遇，避免受歧视性措施影响（Mbengue，2012）。投资保护有助于为各方建立订单农业等长期合同关系营造所需的互信氛围。

　　投资法也包含投资限制规定，能够对订单农业产生重大影响。一些国家通过投资法或其他法律限制外国人在其国内获得土地。例如，乌干达投资法不允许外国投资者租赁土地用于农业用途或从事种植业和畜牧业，但该法同时规定"外国投资者可以在种植业和畜牧业方面为乌干达农民提供物质援助

---

　　[1]　喀麦隆.喀麦隆共和国关于制定私人投资激励措施的法律（2013/004），第3节。
　　[2]　老挝人民民主共和国.投资促进法.（02/NA），第3条。

或其他援助。"[1]

鉴于土地所有权限制规定不允许采用种植园等其他商业模式，外国投资者可能会更多使用订单农业模式（Simmons，2003）。

投资效益要求是一类特殊的限制规定。投资法可能会提出一定要求，确保投资行为有利于国家经济发展（Collins，2015）。这些要求可以是强制性的，也可能与税收优惠等激励措施挂钩（贸发会议，2003）。例如，一些国家要求投资公司必须向当地人转让技术（贸发会议，2003）。订单农业可以为技术共享提供充分发挥空间（引言第3节），并为投资方履行转让义务提供有效途径。

（4）知识产权法

现代农业使用的投入品通常受知识产权保护。在订单农业实践中，投入品知识产权通常由发包方或第三方持有。一般来说，发包方知识产权意识较强，但生产方并不完全了解其全部含义（统法协会/粮农组织/农发基金，2015）。良好的合同实践要求双方充分了解各自义务。巴西[2]等国规定发包方必须在合同签订前向生产方提供合同内容相关信息，试图通过这一方式解决信息不对称的问题（统法协会/粮农组织/农发基金，2015）。考虑到发包方和生产方天然存在知识水平差距，订单农业监管制度需给予特别关注，确保生产方充分了解使用受知识产权保护的投入品的影响。

订单农业涉及商标、地理标识或商业机密等不同知识产权，本节将从专利权和植物品种权（或育种者权利）两方面解读知识产权问题对订单农业的影响。专利权和植物品种权是保护植物新品种的两种法律手段，包括受保护产品的独家生产、销售或营销权等保护措施。

多个国家的主要差异在于保护对象不同。根据《与贸易有关的知识产权协定》第二十七条第三款第二项规定，鉴于植物品种能够获得某种形式的保护，各成员国[3]可拒绝对植物和动物授予专利权。[4] 但以美国为首的部分国家为植物授予专利权（粮农组织，2010）。国际植物新品种保护联盟提出的制度获得广泛采用，该联盟是政府间组织，旨在鼓励开发植物新品种，造福社会。其主

---

① 乌干达.投资法.第92章第10条（2）.另见：粮农组织，2013，发展中国家农业领域外商投资趋势和影响：来自案例研究的证据，第326页。

② 巴西法律规定，发包方必须在合同签订前向有意向参与纵向一体化合同的生产方提供有关一体化生产系统的信息文件，帮助生产方提前了解业务风险和潜在利润，保证业务透明度。巴西.Lei sobre os contratos de integração vertical nas atividades agrossilvipastoris（No13.288），第9条。

③ 世界贸易组织所有成员均是《与贸易有关的知识产权协定》成员。

④ 第二十七条第三款第（二）项规定"各成员可拒绝对以下内容授予专利权：除微生物外的植物和动物，以及除非生物和微生物外的生产植物和动物的主要生物方法。但是，各成员应规定通过专利或一种有效的特殊制度或通过这两者的组合来保护植物品种。"

要法律文书为《国际植物新品种保护公约》[①]，专门为植物育种提供特殊形式的知识产权保护。

专利权和植物品种权原则上禁止订单农业的生产方将多余产品用作自留种，生产方被迫年年购买新种，而非使用上季收获的种子。但农民自古以来已经习惯使用上季收获作物作为下季生产的种子，许多国家在植物品种权法律中规定了某种形式的农民特权。[②] 一般来说，农民特权指的是，对于农民习惯上保留收获材料用于进一步繁殖的作物，农民可以在自有土地上使用受植物品种权保护的种子种植下一季作物（国际植物新品种保护联盟，2009）。不同国家为农民行使这一特权设置了不同的前提条件，例如，向品种权人支付费用或仅允许小农拥有这项特权（国际植物新品种保护联盟，2009）。例如，芬兰要求生产方以远低于育种者权利所有人专利使用费的价格向发包方支付费用。[③] 在津巴布韦，耕地面积不足 10 公顷的农民可将特定植物的收获物在自有土地上自繁自用。此外，集体土地或安置地种地收入占年收入 80% 及以上的农民可使用特定植物种子扩繁，并与其他情况相同的农民串换。[④]

(5) 人权

国际人权义务会影响各国政府订单农业监管方式。本节将通过探讨结社自由和充足食物权来阐述监管机构需要注意的几类问题。其他诸如工作权、健康环境权和健康权等权利可能对订单农业监管制度提出类似限制和要求，但不在此作具体介绍。人权法对订单农业的具体影响取决于各国国情，因此监管机构有必要针对各国具体情况进行深入分析。

各国加入国际人权条约即承诺履行尊重、保护和实现条约所载人权这三个方面的责任。这些责任也会影响国内监管机构管理订单农业的方式。例如，结社自由保障个人有权加入或不加入任何协会，在所有主要人权文书[⑤]中得到普遍认可，可用来举例说明如何在订单农业中履行人权责任。通常情况下，合作社等生产者组织或协会经营状况良好是订单农业取得成功的先决条件（第 3 章

---

① 国际植物新品种保护公约。

② 在国际法层面，农民特权受《国际植物新品种保护公约》保护。该《公约》第十五条第二款指出了植物品种权的非强制性例外情况：尽管有第十四条条款规定，各缔约方在合理的范围内，并在保护育种者合法权益的条件下，仍可对任何品种的育种者权利予以限制，以便农民在自己土地上为繁殖之目的，而使用在其土地上种植的保护品种所收获的产品或第十四条第五款第（一）项（1）或（2）所指品种收获的产品。

③ 芬兰. 植物育种者权利法（1279/2009），第 5 条。

④ 津巴布韦. 植物育种者权利法（第十八章第 16 节），第 17 条③和④款。

⑤ "例如：世界人权宣言第 20 条；公民权利和政治权利国际公约第 22 条；欧洲人权公约第 11 条；非洲人权和人民权利宪章第 10 条；美洲人权公约第 16 条。"

第1节（3）款）。政府必须保证结社自由，允许个人加入合法组织的协会，且不强迫任何无意愿的个人入会。在订单农业监管制度下，这意味着政府应该在保障人权工作中认真思考如何推动成立和利用生产者组织。为保护结社自由权，法律必须防止他人，尤其是发包方，剥夺生产方是否加入某一协会的选择权利。例如，美国《农业公平行为法案》禁止买方针对生产方是否加入农民协会的决定实施报复行为。[①] 最后，法律制度应以实现结社自由为目标，确保所有人拥有是否加入的选择权。这也意味着应保证农村生产者的入会要求不能过于复杂，入会费用不能过高。

在众多与订单农业紧密相关的人权中，最为重要的人权之一当属充足食物权[②]（统法协会/粮农组织/农发基金，2015）。无论是否有意为之，订单农业法律制度既有可能对生产方的食物权产生积极影响，也有可能造成消极影响。以推动经济作物单一种植为最终目的的法律制度和经济政策可能会促使生产方和发包方倾向于利润更高的作物，但未必是粮食作物。然而，从自给农业转为商品农业可能会使生产方失去一大食物来源。同样，如果种植经济作物无法赚得足够收入，农民将面临吃不起饭的风险。过度重视发展经济作物单一种植也可能对国家整体粮食安全状况造成不利影响。因此，修订订单农业监管制度需仔细考虑对充足食物权的潜在影响。

最后，编写与修订订单农业监管制度应以人权基本原则为指导，至少包括：参与、问责、非歧视、透明、人格尊严、赋权和法治。其中，参与、赋权和非歧视原则对于促进弱势群体（特别是女性）发挥作用尤为重要。尽管女性通常是生产某些商品的主力，但她们通常无权决策，并且多数情况下会将签署合同的权利让给男性。

各国政府应充分认可和支持女性在农业中的作用，推动女性获得谈判和决策平台、农业生产投入品和订单农业协议等创收机会，从而促进农业领域性别平等（统法协会/粮农组织/农发基金，2015）。鉴于性别中立的做法与方式不一定带来性别平等的结果（Rebeca 等，2015），监管机构应认识到，有必要确保修订后的订单农业法律充分保护所有当事方，尤其要关注和体恤边缘群体。

（6）环境法

推广订单农业有时会给环境造成预料之外的负面影响，因此环境法至关重

---

① 美利坚合众国．农业公平行为法案（《美国法典》第 7 篇第 2303 条）。

② 根据联合国经济、社会及文化权利委员会《第 12 号一般性意见》第 8 段内容，充足食物权的核心内容包括：1. 食物在数量和质量上都足以满足个人的膳食需要，无有害物质，并在某一文化中可以接受；2. 此类食物可以通过可持续的、不妨碍享有其他人权的方式获取。

要。一般来说，环境保护法会限制对环境有害的农业生产活动。环境法规定的若干直接义务涉及生产方和发包方双方，选择农业生产方式时必须加以考虑。

例如，巴西订单农业法律规定，当事方有义务在生产合同中列入环境责任条款，且有义务规划和实施环境损害预防措施及环境损害减缓和环境恢复机制。该法未明确说明以上环境保护要求，而是援引现有环境法律法规并要求当事方据此制定合同条款。[①]

(7) 生产标准与产品技术规格

国内订单农业监管制度通常包含关于产品特性及生产流程的生产标准和技术规格，此外也可能涵盖认证要求和服务内容，以鼓励各方遵守生产标准和技术规格。可以此类标准与规格为基础制定合同中的技术规格，但产品或流程规格和标准不一定始终通过中央政府立法来制定，通常交给私营部门更为合适，下一节（第 2 章第 3 节）具体阐述。

法律中产品或流程的规格详尽程度不一。例如，产品规格可以指根据产品的尺寸、重量、颜色、外观和形状等因素确定的质量等级。制定客观的质量等级有助于订单农业发展，因为当事方无须就质量等级问题进行协商，而是选择客观通用的法定标准。法律也可规定产品包装方式，并要求在标签上标注重要信息，如产品原产国、品种和数量等（Liu，2007）。

生产流程标准涉及投入品使用或生产方式等问题，其中包含安全、环境或社会标准方面的强制性义务（统法协会/粮农组织/农发基金，2015）。生产流程相关义务或可对最终产品质量产生能够明辨和检验的影响（Morgera 等，2010）。法律制定生产流程标准的目的是通过订单农业模式实现农业兴旺或环境保护等政策目标。

针对特定优质产品的认证认可制定恰当的监管制度是营造订单农业良好发展环境的重要因素，有助于推动认证过程，支持形成公平诚信的订单农业关系。

2.3　私营部门参与订单农业监管制度的方式

私营部门通过自我监管或合作监管在订单农业发展中发挥重要作用。私营部门往往更贴近市场实际需求，因此制定的要求更为合理。行业自我监管或合作监管是政府优化订单农业监管制度更为经济有效的灵活性办法（经合组织，2015）。

---

① 巴西 . Lei sobre os contratos de integração vertical nas atividadesagrossilvipastoris（No 13.288），第 4（12）和 10 条。

加强订单农业监管领域公私合作的另一种方式是进行农业领域政府和社会资本合作（插文3）。农业领域政府和社会资本合作，各参与方的目标相同且明确，即确保订单农业顺利实施。这有助于激励公私双方遵守现行法律并就农业领域政府和社会资本合作具体项目的细节达成一致。

> ### ◉ 插文3 订单农业与农业领域政府和社会资本合作
>
> 公共机构也可通过政府和社会资本合作（PPP）的方式参与订单农业。订单农业是吸纳小农参与政府和社会资本合作的常用做法。公共机构无须成为订单农业协议的直接当事方，但可要求政府和社会资本合作项目的其他参与方通过订单农业与当地生产方建立合作关系。这样一来，政府在订单农业中享有主导权，且能够确保社会经济发展优先目标得以实现。农业领域政府和社会资本合作是"公共机构与私营伙伴为实现可持续农业发展目标而形成的正式的伙伴关系，其预期公共利益界定明确，投资贡献和风险共同分摊，整个项目周期各阶段所有伙伴都发挥积极作用。"（Rankin等，2016）。除私营商业实体外，提供信贷的金融机构、非政府组织、中小型农企、农民组织和个体农户都可参与农业领域政府和社会资本合作。农业领域政府和社会资本合作存在的主要问题之一是高度依赖有利环境，而国内相关法律几乎不适用农业领域并存在诸多局限性，导致问题更加严重。
>
> 资料来源：Rankin等，2016.

在农业领域政府和社会资本合作框架下，私营部门可制定行业规则、标准条款和订单农业合同制定和执行指南。为保证上述指导文件公平公正，政府需确保文件制定过程的自愿性、参与度和透明度，从而广泛反映各方利益（统法协会/粮农组织/农发基金，2015）。私营部门应在互信和责任共担的基础上通过自我监管、合作监管以及政府和社会资本合作来参与订单农业，弘扬并遵守诚信、善良、尊重他人、开放和竞争精神等基本价值观（Darmanin，2013）。

私营部门推动形成的订单农业监管文书包括特定价值链私营各方商定的跨专业协议。这类协议可视为自我监管或合作监管方式，具体由政府参与程度决定。公共监管机构可鼓励或要求建立体系完善的实体，如特定商品或价值链专门协会，代表生产部门、农业企业和政府的利益。这类实体拥有若干政策和技术职能，旨在改善生产情况和提高产量，更好满足市场需求，提升市场稳定性，还可负责组织与协调生产方和买方活动。

利益相关方可就标准协议的共同条款达成一致意见，从而为生产方和买方签订特定商品供应合同奠定基础。法律通常要求该类合同采用书面形式并包含合同要件，例如当事方身份、货物、价款计算方式和付款条件、交货条件、当事方义务、合同期限的延长与修订，以及解除合同的理由与条件（第 2 章第 1 节）。该类合同通常也会解决不公平交易行为。[①] 例如，意大利跨专业协议的监管方式是要求协议必须包含一定的基本内容，例如产品描述、交货时间和方式、最低价格、产品质量控制体系和签约方保证，[②] 也会向遵守协议条款的当事方提供优惠待遇等奖励。[③]

私营部门主导的另一监管文书是行为准则。行为准则应获得食品加工和批发行业商业主体的认可。

行为准则能反映商业伙伴交易行为的全球标准，[④] 且私营各方以自决方式自然形成的行为准则属于典型的自我监管手段。行为准则可以是自愿性质，即参与方自由选择是否受该准则约束。政府也可强制执行行为准则，规定满足某一特定门槛的所有当事方，例如年营业额较高的公司，必须实施该准则并受准则要求约束。强制性行为准则的目标群体更广泛，但与私营部门主导倡议的自愿原则相矛盾，受欢迎程度不及自愿性行为准则，且造成的负担更重。

例如，英国所有营业额超 10 亿英镑的百货零售商必须遵守《百货供应实务操作守则》。[⑤] 澳大利亚《食品百货行业行为准则》属于自愿性质，为《2010 年竞争和消费者法案》中零售商/批发商与供应商之间的交易提供了更多制度保障。[⑥] 该准则并未推翻现有法律，而是填补了相关法律的空白或提供了更为详细的规定。该准则包含的部分重要规定要求当事方预先讨论并商定百货供应协议关键内容，例如交货、拒绝收货的理由、质量和数量要求、付款规定和解约规定等。[⑦] 肯尼亚采用的方式是由公共机构就指定作物为农民与加工企业制定行业通行做法并提供建议。肯尼亚园艺作物发展局制定了《园艺行为准则》[⑧]，适用于包括发包方和生产方在内的所有当事方。该准则包含义务清单和合同要件（统法协会，2014）。

---

① 法国 . Code rural et de la pêche maritime，第 L631. 1 – L631. 23 条。

② 意大利 . Norme sugli accordi interprofessionali e sui contratti di coltivazione e vendita dei prodotti agricoli（1988 年 3 月 16 日第 88 号法案），第 5 条。

③ 意大利 . Norme sugli accordi interprofessionali e sui contratti di coltivazione e vendita dei prodotti agricoli（1988 年 3 月 16 日第 88 号法案），第 12 条。

④ 2010 年竞争和消费者法案第 4B 部分行业规范政策指南，2011 年 5 月，澳大利亚联邦。

⑤ 英国 . 2009 年百货业（供应链行为）市场调查令，第 4 条。

⑥ 澳大利亚 . 2015 年竞争和消费者（食品百货行业准则）法规。

⑦ 澳大利亚 . 2015 年竞争和消费者（食品百货行业准则）法规，第 8 条。

⑧ 肯尼亚 . 农业、渔业和食品管理局—园艺行为准则，生产方和经销商合同协议指南。

3 政府如何营造有利于负责任订单农业发展的环境？

各国政府能够积极营造有利于负责任订单农业的环境，实现风险最小化、收益最大化（引言第 3 节）。在有利环境中，议价能力迥异的各方可以进行谈判并签订有益双方的农业生产合同。有利环境为订单农业的构思、发展和繁荣提供了空间，也有助于订单农业的长期可持续发展（Christy 等，2009）。

营造有利于订单农业的环境需要广泛的、宏观层面的政治、社会和经济力量，这也影响着一国经济的所有部门。具体来说，还涉及许多其他要素，如：土地权属制度清晰、有机会获得资金和风险管理产品、贸易政策一以贯之、能够进入全球市场、技能型人力资源充足、技术得到改进、基础设施和公共设施（特别是农村道路和仓储设施）充足（Konig 等，2013）。然而，政府权限并不涉及所有这些要素。

本章讨论了在营造订单农业有利环境时，政府能够制定的多种公共政策目标以及发挥的作用。首先，本章简要介绍了能够通过政府支持订单农业得以推动的不同政策目标，政府支持行为可能无须任何监管改革。之后，本章将研究是否可以通过法律改革营造有利环境。本章末将针对可能的法律改革手段提出指导与建议。

3.1 政府对订单农业的支持与公共政策目标

政府在助力负责任订单农业的过程中能够发挥直接作用，例如，有针对性地支持合同生命周期的不同阶段（订立合同或解决纠纷），也可协助营造有利于订单农业的环境，间接发挥政府作用。一国政府及其不同机构的作用通常依赖于该国国情与体制框架（第 4 章第 2 节）。在许多私营部门发展良好的国家，政府干预仅限于制定政策和采取行动，鼓励消息渠道畅通的各方订立由市场驱动且财务可持续的合同，而不是过度监管其合同内容（美国国际开发署，

2015）。政府的参与程度取决于私营部门的结构和能力、该国订单农业的类型以及国家政策重点。若政府参与过少，则强势一方可能会引导合同向其有利一方倾斜；若公共参与过多，那么可能会导致该国订单农业成本太高、效率太低，难以成为有吸引力、有经济效益的农业形式。

政府可据其在本国经济中的总体授权确定不同的公共政策目标，这也有利于订单农业的发展。后文将给出有关案例。此外，还应说明的是，政府有责任采取一系列其他措施，营造有利环境，如：确保充足的基础设施建设（道路、仓库等）、宣传企业社会责任、确保有足够的高质量投入品，这些都将有利于订单农业的发展。[①] 此外，政府不妨鼓励私营部门参与订单农业的监管制度建设，相关讨论见第 2 章第 3 节。

（1）提升生产方技术水平与履约能力

很多农业生产方不具备技术水平与履约能力，或缺乏亲自参与商业性农业生产的资源和投入品。若公共政策目标是协助生产方提升技术水平，培养履约能力，将会增加他们对订单农业的接纳程度。

政府能够向小农提供直接的技术支持，优化生产过程，增加小农参与订单农业的机会。尽管订单农业中的发包方可以为生产方提供部分投入品和培训，但投入品的数量和培训的机会并非一直充足。此外，如果政府能够通过推广服务向小农提供技术支持、投入品和培训，那么小农可能在谈判中占据更有利的位置，因为这样一来，发包方将不再是投入品和技术支持的唯一提供方。粮农组织调研表明，通常政府与私营部门的推广、培训服务呈互补关系（粮农组织，2017c）。

政府也可在制定和执行个人合同时向小农提供直接协助，或为小农提供培训，帮助他们更好地理解合同法基本概念和一般性合同惯例（Pultrone，2012）。生产方和发包方对其在适用法律下的相应权利义务了解越多，就越有可能在不借助外界协助的情况下订立公正完善的合同。上述能力建设可通过诸如一般性推广服务、地方支持官员和律师助理等途径进行（插文 4）。

---

① 请参考订单农业资源中心：http：//www.fao.org/contract-farming 以及 Martin，Prowse.2012. 发展中国家订单农业综述．Agence Française de Développement；Carlos da Silva. 2006. 订单农业在农产食品系统中日益重要的角色：驱动因素、理论和实践．粮农组织，罗马；粮农组织．2013. 营造良好环境，助力农企农业产业发展—区域与国家视角研究．罗马。

● 插文 4　律师助理与订单农业

事实证明，律师助理能够协助各方订立并执行平衡互利的合同。律师助理，即在法律问题上受过基本培训的法律从业人员，能协助小农和农村人口制定并执行合同。国家不同，律师助理的作用及相关监管与监督体系也可能大不相同。同律师相比，律师助理通常与其服务的社区关系更为密切，所以他们能够增加诉诸司法的机会，为社区提供法律服务。他们还能够充分利用广泛的宣传工具，有些宣传工具可能已超出典型法律服务的范畴，例如同世俗领袖合作解决合同纠纷。尽管律师助理相较于律师的性价比更高，但他们仍必须接受来自政府的上岗及持续培训与监督，仍需要律师来支持他们的工作。最后，政府必须确保律师助理能保护包括穷人和边缘人口在内的社区利益，采取措施应对律师助理与地方领袖关系中可能出现的挑战（Maru，2006；Tanner 和 Bicchieri，2014；Cotula 等，2016）。

在莫桑比克，政府通常会作为中立调解人参加棉花生产方代表与加工方代表的年度会议，参与议价、确定价格（Pultrone，2012）。在老挝人民民主共和国，当地政府的调解人角色非常重要，尤其在村一级，因为这样可以给予各方公开对话和谈判的机会。地方政府会向农民介绍订单农业的优缺点，提出建议，也会帮助农民获得投入品（统法协会，2014）。在美国，畜禽养殖者有法定权利同联邦或州政府机构①讨论合同要约的条款。这种模式下，由于各方不需要第三方参与谈判，所以成本较低。若生产方不确定合同是否公正，可随时向政府求助。

由于生产方尤其容易缺乏资金，所以在设计能力建设时还应考虑各方是否有资金能力参与订单农业。政府可为私营部门融资创造有利环境，或为订单农业设立专项财政激励和补贴，以此助力订单农业（第4章第3节（2）款）。

（2）提升操作效率：建立各方联系，降低交易成本

若订单农业中有大量分散的小规模生产方，则会导致效率低下、交易成本高、难以吸引发包方的后果。为提高对订单农业的接纳度，政府可设定政策目标，提升订单农业效率，降低相关交易成本。例如，政府可以为各方搭建交流平台，并参与谈判过程。

匹配合作双方并开启一段合作并不容易。合作双方不一定总能准确定位对

---

① 美利坚合众国．美国法典．第七卷．第229条（b）款。

方，也没有有效的私人途径自行建立所需联系。因此，政府可以采取措施促成生产方和发包方的对话。

首先，政府可组织论坛进行市场对接，农业企业家可在论坛上认识生产方代表（Eaton 和 Shepherd，2001）。

一旦双方建立联系，政府可组织联合会议，供双方讨论合同条款和各自职责，说明管理计划、更正错误认识、理解并制定解决冲突的方案（Pultrone，2012）。政府参与谈判有助于平衡议价能力。然而，政府还应牢记双方利益，并以达成互惠互利的合同为宗旨。设想政府若派代表参与每一个农业生产合同的谈判过程，这将是繁重的任务。较为简便可行的方法就是，当生产方认为确实需要此类协助和支持时，可以要求政府或第三方代表参与谈判。

成立生产者组织也是降低交易成本的一个有效方法，因为发包方不需要同每一个生产方订立单个合同，而是直接同整体供应商对接。为生产者组织提供直接支持也会带来附加收益，下节将就此做进一步阐述。

（3）支持生产者组织

订单农业项目能否成功，生产者组织往往至关重要，推广形成生产者组织也能够反映一项重要的政策目标。生产者组织有助于实现规模经济，并通过农民的集体行动提升其议价能力。此外，生产者组织还能够帮助生产方实现价值链上移（de Schutter，2011）。政府能够发挥重要作用，通过制定机制支持各方代表组织并赋权生产者组织（统法协会，2014）。

这些支持机制也应考虑生产者组织成员的小农属性，并提供资金支持。[1]

因此，不同生产者组织的注册流程也应简洁可行，不能妨碍资源匮乏的小农成立或加入这样的组织。鉴于此，一些国家通过了专为小型生产方设计的法律，形式简洁，依靠这类简洁的法律，他们能够同买方正式订立并执行合同（统法协会/粮农组织/农发基金，2015）。成立或加入生产者组织都应是自愿的，符合国际公认的结社自由权（第 2 章第 2 节（5）款）。

以柬埔寨为例，柬埔寨政府"鼓励成立协会、农业团体或农业组织，作为发展订单农业的基础"。[2] 据此，2013 年，柬埔寨通过了《农业社区法》。该法允许农民自行组织合作社、成立农业团体、农业团体联合会以及农业团体联盟（Yi，2014）。

---

[1] 1308/2013 号条例序言（131）中承认生产者组织在集中供应、优化市场、规划和根据需求调整生产等方面的有益作用。该条例详细规定了联盟或成员国可向果蔬部门生产者组织提供财政援助的数额。

[2] 柬埔寨订单农业法令（第 36 号），2011 年 2 月 24 日，第 4 条。

3.2 优化监管制度，支持订单农业

尽管并非所有国家都需要为开展高效订单农业专门立法（前言），但清晰的监管制度有助于实现关键公共政策目标。而在制定负责任订单农业监管制度的过程中，政府自然发挥着重要作用，这一作用也将是本书关注的焦点（第 4 章）。正如前文（第 2 章第 1 节）所述，法律制度明确订单农业当事方（包括政府本身）的作用和职责，保障稳定性和确定性。立法过程的本质决定了法律比政策和举措更稳定、更持久。法律具有强制执行效力，因而是政府的有力工具，可用来推动克服本国国情条件下某些具体障碍和已知问题取得积极成果。

对订单农业当事方而言，权利的可持续性和可执行性为他们提供了法律保障。他们知道自身的合法权利和义务将得到尊重并在未来保持不变。因此，法律制度的作用尤其体现在：承认合同确定的事项对当事方具有约束力；通过当事方必须遵守的规定来保障首要利益；规定当事方未作约定情况下的适用规定，促进合同关系；确保公共司法机构可强制执行合同条款和法律规定。

法律也能够作为载体，推动不同政策目标得以落实。如果一国已通过一项专门针对订单农业的政策，那么这项政策将为未来的订单农业法律改革奠定基础。此外，法律改革的另外一个重要指导还来自一国的总体农业政策。例如，津巴布韦近期的国家农业政策（2012）倡导开展订单农业，帮助小农增加获得投入品和进入市场的机会。①

本小节概述了若干公共政策目标，可为各国的监管改革提供依据。优化监管制度能够帮助政府在实现其他政策目标的同时，确保各方交易的平衡和公正，或协助各方利用纠纷解决机制解决纠纷。本节内容将不会面面俱到，仅举例说明可能引发监管改革的政策需求或政策目标。

（1）解决权力不对等与不公平交易问题

由于农业中的商业关系现已变得越来越复杂，因此，解决权力不对等的问题已成为诸多监管措施的核心政策目标。议价能力不对等会使实力较强的一方转嫁成本至供应方，单方面改变合同条款，或进行其他不公平行为（第 2 章第 2 节（2）款）。而生产方通常议价能力较弱，有时无法抵制上述行为。主要阻碍因素之一是担心遭到报复，最终丢掉合同。

整个订单农业监管制度明确当事各方的权利和义务，通过引导积极行为并限制消极做法，推动解决权力不对等和不公平行为的问题（第 2 章第 1 节和第

---

① 津巴布韦.2012. 全面农业政策框架（2012—2032）. 行动纲要，第 15 页。

4 章第 3 节）。如前文所述，法定权利义务具有强制性。这为合同当事各方提供了彼此间建立互信关系的法律基础，有助于营造有利环境。

例如，订单农业相关法律可规定订单农业协议的必备条款。这将有利于确保合同双方关系均衡，因为双方都需要承担一定的关键责任（第 4 章第 3 节）。同样，当生产方能够从市场或政府获得投入品和服务时，与发包方的关系就不会那么紧密，从而议价地位更平等（第 3 章第 1 节（1）款）。为生产方提供可持续的融资方式也能够达到相似的效果（第 3 章第 1 节（1）款和第 4 章第 3 节（2）款）。生产方成立生产者组织后可以拥有更强大的议价能力，同发包方进行更公平的谈判（第 3 章第 1 节（3）款）。参考竞争法条款（第 2 章第 2 节（1）款）或涉及不公平交易的法律（第 2 章第 2 节（2）款）也能够在一定程度上解决不公平交易和权力不对等的问题。

（2）利用纠纷解决机制增强法律保障和确定性

进行法律改革的一项潜在重要政策目标就是推动各方更多地诉诸纠纷解决机制。有效的纠纷解决机制是订单农业良好环境中至关重要的一部分。如果议价能力不对等的各方发生纠纷，也得不到相关机构的处理，那么纠纷最终就不太可能得到公正平等的解决。遗憾的是，通过普通的州法院进行诉讼也不太适于解决订单农业中产生的纠纷，因为这个诉讼过程将严格按照正式的程序步骤，会十分缓慢且昂贵（统法协会/粮农组织/农发基金，2015）。

政府可通过多种方式解决纠纷。例如，政府可以立法，制定适用于普通法院的简易诉讼程序，解决法院诉讼时间长和费用高等诸多问题（第 4 章第 3 节（1）款）。某些法律体系中还设立农业法院，专门处理农业活动引起的纠纷（第 2 章第 1 节和第 4 章第 3 节（1）款）。

政府可以在法律中建立或推广使用非诉讼纠纷解决机制，这将是推动各方诉诸法律的有效途径。这些非司法手段尤其适用于由农业生产合同引起的纠纷，因为它们通常比司法程序更为及时和灵活（统法协会/农发基金/粮农组织，2015）。调解和仲裁是非诉讼纠纷解决机制中适用于订单农业的两种代表性方式。调解时，当事方在第三方（调解人）的协助下寻求双方都能接受的解决方案，并承诺自愿采用该方案。仲裁时，当事方将其纠纷交由中立的第三方（仲裁人）处理，仲裁人的决定将具有法律约束力和强制执行效力（第 4 章第 3 节（1）款）。

（3）加强订单农业监管，提高透明度

为推动营造订单农业的有利环境，政府的一项根本政策目标就是更好地了解订单农业和生产部门在本国的运作情况。为此，政府需要准确数据。这可能

需要开展或资助研究，以进一步发展与本国农业形势变化相适应的订单农业。基于以上目的，西班牙在第 12/2013 号法律中规定设立食品供应链观察站，负责监测、通报、研究本国食品供应链和食品价格，提供相关建议和咨询。作为配套措施，该法律也决定成立信息与食品控制局，除履行其他义务之外，控制局还将与食品供应链观察站协作，开展工作与研究，撰写多部门产品与市场报告。[①]

政府还可以通过立法建立合同登记系统，准确收集本国现有订单农业合同种类。合同登记也有助于实现其他政策目标，如，支持订单农业、进行监管控制。此外，透明度和当事各方的法律保障也会得以提高。建立登记系统的另一个目标是监管当事方的交易，确保各方遵守法律制度规定的合同形式和合同订立要求（第 4 章第 3 节（1）款）。

合同或合同当事方（合同及当事方）的登记既可以是强制性的，也可以是自愿的。自愿登记计划（智利）下，当事各方可自主选择是否加入系统（插文 5）。当双方认为所得利益或政府激励措施值得牺牲部分合同自由时，他们可自主选用法律制度规定的任一形式和内容（第 4 章第 3 节（1）款）。

➜ 插文 5 强制性或任择性制度

监管机构可选择为订单农业建立强制性制度或任择性制度，后者仅对愿意将其合同置于该制度之下的当事各方形成约束。

强制性制度要求所有特定类型的交易必须订立具有法定特征的合同。这将确保法律有足够广泛的影响范围，因为唯一的限制因素就是立法范围本身。同时，强制性制度涵盖了交易的整个过程，所以也有助于实现监管机构自己设定的政策目标。然而，强制性制度实施起来可能要比任择性制度更加昂贵和烦琐。

任择性制度不硬性要求当事方订立合同，而更关注契约自由这一普遍重视的原则。在法律中建立任择性制度的一种方式就是进行自愿登记，但要求所有登记合同遵循一定的形式、订立和内容要求。任择性制度的缺点是范围不及强制性制度广。尤其当出现议价能力不对等时，强势一方可能会单方面决定是否登记合同并将其合同关系置于该制度之下。

在避免扰乱市场的同时，国内监管机构可考虑采取其他激励措施，如税收、补贴和及时的纠纷解决措施，鼓励采用任择性制度。

---

① 西班牙 . Ley de medidas para mejorar el funcionamiento de la cadena alimentaria. （12/2013），第四卷。

政府激励措施可以是财政方面的，如采取更为优惠的税收制度，提供渠道使当事方诉诸专门纠纷解决机制，或提高当事方执行合同的能力。在智利，一份合同若登记，则可对第三方予以强制执行。智利法律中还规定要对已登记合同的违约行为进行制裁，这种制裁可以延伸到第三方。原始发包方也可在即决审判①中提出诉讼，要求赔偿。在阿根廷里奥内格罗省，水果生产合同及合同双方进行登记后，双方即可要求对其直接受合同影响的房地产减征 10% 的不动产税。此外，双方均可减免所得税，并免征印花税。② 登记合同后，双方可获得专门的调解服务，生产方也能在住地法院免费提起简易诉讼。③ 各方自愿登记合同，未进行登记的发包方可在《政府公报》上刊登其名称。④

强制登记制度更为严格，会不可避免地增加参与订单农业各方的交易成本。但是，随着越来越多的合同和当事方得到登记，强制登记可以将相关利益惠及更多参与者，为政府提供更多信息。在葡萄酒生产方面，阿根廷选择了强制登记，要求在规定时间内⑤登记葡萄酒生产合同，否则将处以罚款。⑥ 同样，在坦桑尼亚，对于特定作物的特定种类生产合同，应做到每份必登记。⑦

3.3 订单农业监管制度改革指南

(1) 法律改革进程

上文已介绍各国政策和监管目标，基于此，政府可决定是否进行法律改革。开启任何一项法律改革进程都应首先确定现有的监管需求和挑战。政府应确定是否需要制定新的法规来解决此类问题，或者通过支持当事方、加强执行现有法律或其他非立法手段（第 3 章第 1 节）就足以解决这些问题。因此，在

---

① 智利 . Ley crea un registro voluntario de contractos agrícolas，(N° 20. 797)，第 18 条。

② 里奥内格罗省，阿根廷 . Regimen de transparencia para la vinculacion entre la produccion，empaque，industria y commercializacion de frutas en Rio Negro，(E 3. 611)，第 21 条和第 22 条。

③ 里奥内格罗省，阿根廷 . Regimen de transparencia para la vinculacion entre la produccion，empaque，industria y commercializacion de frutas en Rio Negro，(E 3. 611)，第 31 条至第 33 条。

④ 里奥内格罗省，阿根廷 . Regimen de transparencia para la vinculacion entre la produccion，empaque，industria y commercializacion de frutas en Rio Negro，(E 3. 611)，第 23 条。

⑤ 阿根廷 . Contratos de elaboracion de vinos，(Ley 18. 600)，第 1 条。

⑥ 阿根廷 . Contratos de elaboracion de vinos，(Ley 18. 600)，第 12 条。

⑦ 坦桑尼亚 . 茶叶法，1997（1997 年第 3 号令），第二十五章第 3 条；坦桑尼亚 . 咖啡产业法，2001（2001 年第 23 号令），第三十四章第 1 节第 3 条；坦桑尼亚 . 剑麻产业法，1997（1997 年第 2 号令），第十九章第 1 节第 3 条；坦桑尼亚 . 棉花产业法（2001 年第 2 号令），第十四章第 1 节第 3 条；坦桑尼亚 . 烟草产业法，2001（2001 年第 24 号令），第七章第 1 节第 3 条；坦桑尼亚 . 除虫菊法（1997 年第 1 号令），第二十四章第 3 条；坦桑尼亚 . 糖产业法，2001（2001 第 26 号令），第三十七章第 3 条。

早期阶段，监管机构应明确制定新监管制度或修订现有订单农业或相关监管制度的目的、目标和预期成果。

若需制定新法律，那么应引导公众参与进来，制定法律内容和监管手段，以确保监管手段和订单农业规定更符合国情，符合利益相关方的利益和需求，也有助于建立共识，为实行新法律铺平道路。

法律文书的选择、新法水准及其是否能够顺利实施很大程度上取决于广大利益相关方是否参与这一过程（Vapnek 和 Melvin，2005）。中央和地方、城市和农村的利益相关方都应真正参与起草过程（第 2 章第 3 节）。

国家法律传统，即一国法律制度中用于司法解释和执法的法律体系，提供了执行任何新法律必须遵循的框架，影响着对新法律的制定和执行。

同样，要评估是否需要修订法规并纳入订单农业内容，监管机构应分析与订单农业相关的现有国家法律制度，如第 2 章第（1）节和第（2）节所述。通过分析，确定现有法律尚未涵盖哪些行为，有哪些规定存在立法不足或过时的情况，会对订单农业的活动产生不利影响。分析内容应至少包括可能影响订单农业立法的宪法条款、规定订单农业内容的法律、可能影响订单农业的其他法律领域、用以执行主体法的附属法、相关法院裁决及习惯法和惯例（Vapnek 和 Melvin，2005）。

除了对现有法律及其他法律来源进行案头研究之外，分析一国法律制度还应评估相关法律所产生的实际效果，因为除非监管机构能够发现阻碍现有法律成功实施的原因，否则任何新的法律都不可能产生更好的效果（Vapnek 和 Melvin，2005）。

同样地，通过开展监管影响评估（RIA），监管机构能够评估拟议监管措施可能产生的积极和消极影响。监管影响评估可分析一系列用以监管订单农业及其经济社会影响的监管方案。评估内容应包含不同方案可能产生的直接和间接成本（例如，政府采用不同监管手段产生的当前/预期成本，生产方和发包方遵守订单农业法律所产生的当前/预期成本等），应描述不同方案的预期收益（例如，私自销售发生率降低，农产品数量更多、品质更好，给予生产方更好的价格等）。此外，针对每种方案，监管影响评估应概述由哪方（例如，发包方、生产方、政府机构或其他团体）承担成本、获取收益。最后得出最佳方案，监管影响评估应明确说明为何在众多方案中选择该方案来实现政策目标（粮农组织，2006）。

最后，法律文书应以受众易懂的语言写成，至少应是负责实施和执行法律的官员能够理解的语言。因为任何订单农业法律的最终受众都包含农业生产方及其组织，所以法律文本应简单明了，避免使用复杂的句法，避免使用同常用含义出入过大的术语，避免进行易混淆的交叉引用。必要时，也可将法律翻译为当地语言和方言。法律还应遵循逻辑架构，在具体条款之前应有总则。外行人士应能够在无须协助的情况下阅读并理解拟议新法律的要点（Morgera，2010）。

（2）法律文书选择

与上述法律改革过程同样重要的是为订单农业选择最适合监管机构政策需求和整个法律体系的法律文书。如前言所述，不存在唯一正确的监管手段，选择何种监管手段取决于本国国情。为帮助做出上述选择，本节讨论了不同类型法律文书的一般性利弊。

将订单农业写入已有的一般性合同法或其他有关类似合同的农业法中，有助于避免新的订单农业法条与现有法律重复和冲突（Jull，2016）。在现有法律中添加新条款也能够突出法律体系的相互关联性，帮助用户了解订单农业适用的各种法律。另外，一般性法律中新增的订单农业相关条款可能不够详细，不足以为订单农业各方提供适当的法律保障。

将订单农业的专门法条写入特定商品法中，能引导监管机构考虑到这一特殊生产领域的各种细节，从而制定出有关各方合同关系的更为具体的规定。但是，规定性过强的规则，即便聚焦某一特定领域，仍可能会成为参与各方的负担，压制农业创新与合同创新。若把专门法条写入特定的商品法，规定适用范围将仅限于该法所涵盖的商品中，无法适用其他形式的农业生产。同样地，若将上述法条写入供应链法律中，则会建立一个不受产品种类限制、覆盖从生产到销售的全过程单一制度。但是，此类法律的详尽程度可能不够，难以满足初级生产合同监管需求。

将订单农业专门法条纳入与公共发展计划或公私伙伴关系相关的法律中，有助于监管机构进一步微调适用法，以实现这些计划的既定政策目标。由于发展计划能够提供资金，产生社会效益，发包方和生产方因此将争相加入发展计划。将订单农业作为获得资质认证的主要条件之一有助于引导各方建立正式合同关系，并接受监管制度约束。当然，这些法条仅适用于部分特定的计划，不会在更大范围内推动订单农业关系发展。此外，由于特定的计划范围有限，政府可能会先对法律有效性进行试点，之后再扩大相关法律的适用范围。

当监管机构有了明确的政策目标，或在订单农业领域产生了明确的需求，制定订单农业专门法便有助于监管机构"量体裁衣"，为推动政策施行或满足上述需求制定专门的解决方案。例如，如果一国的订单农业部门各当事方议价能力不对等，导致各类商品合同中都出现不公平条款和做法，那么，监管机构就可以制定一部订单农业专门法，巩固生产方的地位，防止出现不公平条款和做法，并提供更公正的选择。当然，如果政策目标较为宽泛化，存在问题比较普遍，或者在非农合同中也出现了不公平的做法，那么，通过一般性法律处理这些问题有助于使监管领域更为广泛。

单独立法简化了对合同义务和法律要求的说明，有助于提升透明度。新的专门法律文书有助于提高订单农业规定的影响力和清晰度，解释法律条文因此也更容易、更具预见性。这会增强法律的确定性，进而增加这一法律体系对潜在用户的吸引力。与修订已有民法典、一般性合同法或农村法典相比，颁布一部新法律可能更为容易，因为前者可能更难通过议会程序。此外，如有需要，新法律在将来更易开展修订工作（Wehling 和 Garthwaite，2015）。

用附属法规范订单农业可能会比制定议会主体法更简单、更快捷、更便宜。但是，由于任何的下属立法机构权力总是比议会更受限，因此，政府也许无法完全通过附属文书来实现其政策目标。

政府也可将合同范本作为附件添加进法律或软法文件中（第 2 章第 1 节）。上述合同范本也可由私营部门通过合作监管或自我监管达成（第 2 章第 3 节）。合同范本能够为当事方提供现成的合同，包含有关特定商品最重要的合同条款，从而降低了当事方的交易成本。合同范本也有助于受监管人群更好地理解法律对他们的要求。但是，制定一份既足够全面实用又足够宽泛灵活、且能涵盖足够广泛领域的合同范本，通常并不简单。

最后，如前文所述，本书所介绍的任何方法都不一定是最优方案，但是，基于最终的目标诉求，每种方法可能都有较为适合的应用场合。采用一般性法律文书还是专门文书往往取决于一国的国家法律传统和监管机构追求的政策目标。

4 如何完善监管制度，推动发展负责任订单农业？

如前文所述，监管方式的选择多种多样，各国可根据公共政策目标及本国具体订单农业关系的需求对立法作出调整（第 2 章第 1 节）。此外，应该开展全国法律分析，明确政策和监管重点，在此基础上通过参与式方法进行法律改革（第 3 章第 3 节）。本章将探讨可考虑纳入订单农业国内监管制度的内容，并举例介绍各法域对相应内容的法律规定，说明主要趋势。必须指出，文中所举实例未必为良好实践，且并未考虑监管方式在特定国情背景下的潜在或实际影响。本章目的不在于根据实际监管影响分析去筛选良好实践，而是提出一系列监管方式，既有可能适用，也有可能不适用，具体视国家监管、政策和经济环境而定。

至于监管制度何处加入何内容，政府决定始终取决于对国家法律制度、政策重点与合同实践的细致分析、农产品市场结构、生产者谋求和捍卫自身合同利益的能力以及政府意愿在以上活动的监督和支持中扮演的角色。本章仅能就法律文书的选择提供大致准则，并对订单农业国家法律制度中监管机构不妨加以考虑的事项作一般性探讨，无意为特定订单农业法律背书（前言）。

无论选择哪一种文书规范订单农业（第 3 章第 3 节（2）款），法条内容都必须切实可行，并尽量符合合同惯例。一方面，文书还应提供灵活的解决方案，以保护当事方合同自由为宗旨。某些情况下，法律尽管仍具有实现社会正义或经济目的的重要作用，却因束缚过多欠灵活而无法适应农业发展的日新月异。例如，当农产品价格规定严苛造成任意一方无法获利，就会促使双方在法律之外另辟蹊径。另一方面，法规制定得当有助于稳定生产者和消费者价格。该结论也可类推至其他过度监管做法：由于监管过度，订单农业当事各方更倾向于寻求其他非法律手段来实现目的（Jull，2016）。长期来看，如果法律被视作所有参与者公平竞争的阻碍而非保障，人们对法治的信心就会开始动摇。如果国家在开展司法保护或创新方面能力薄弱，可渐次推出法律要求，并随着能力提升审查和增补法律要求（Morgera 等，2012）。

4.1 法律适用范围及其他序言条款

各国无论选用订单农业专项法律还是倾向于采用综合性法律，序言条款均必不可少。序言条款包含宗旨、原则、适用范围和重要术语定义等，通常置于法律篇首，用于介绍监管目标和预期成果。序言条款能够阐明立法目的和背景（Vapnek 和 Spreij，2005），此外，还可说明与其他相关法律的关系，明确其在整个监管制度中的地位作用（Morgera 等，2012）。

(1) 适用范围

法律适用范围描述的是法律予以规范或不予规范的对象（Vapnek 等，2007），因此监管机构应确保其选定范围能够满足立法目标。可单设条款说明适用范围，或在定义、宗旨和其他条款中进行表述。订单农业可在适用范围较广、涵盖所有农业生产合同甚至农业领域不同合同关系的法律中加以规范（第2章第1节）。例如，如果一国将订单农业相关条款写入特定产品法，则相关规定仅适用于该特定产品（第2章第1节）。还可将适用范围限制为已登记合同或已登记当事方，形成自愿制度（插文5）；或仅限于食品供应链各方（第2章第1节）。不论涉及何种产品，适用范围均应涵盖自然人之间、法人之间以及自然人与法人之间的农业生产合同，以便生产者组织参与订单农业。

越南有关订单农业的第62/2013号决定的适用范围包含农民个人之间、农民代表组织之间以及企业家之间的合同，但仅关注大型农业项目（Dang 等，2014）。比利时《畜牧业纵向一体化法》的规范对象是畜牧生产合同，适用于以动物源产品生产或畜牧养殖为目的的畜牧行业合同。[1] 西班牙用来规范订单农业的法律的适用对象是食物或食品生产至分销环节食品链各经营者之间的商业关系，将法律适用范围拓展到了供应链其他环节。[2]

(2) 定义

多个法域的法律均含有解释条款，附有重要术语定义。提供重要术语含义有助于保持法律解释的一致性。表述清晰的定义能够明确立法目的及适用时间和空间，避免混淆。定义也有助于法律落实和执法工作（Vapnek 和 Spreij，2005）。

---

[1] 比利时.《畜牧业纵向一体化法》，(1976-04-01/32)，第1条。

[2] 西班牙. Ley de medidas para mejorar el funcionamiento de la cadena alimentaria，(12/2013)，第2条。

　　在订单农业语境下，适用法律有必要作出定义的重要术语包括：农业生产合同及其当事方（生产方和发包方）。以上术语实际上将法律适用范围限定为特定类型当事方订立的特定合同类型，因而举足轻重。术语确切定义最终取决于监管机构政策抉择，以及国家整体法制环境。国际性指导文件，例如《2015年法律指南》，就如何定义订单农业相关术语提供指导和借鉴。国内定义与国际术语接轨可增强各国法律体系协调性，同时有助于监管机构起草出既足够准确又匹配政策目标的定义。

　　若监管机构意在以订单农业规定规范所有农业生产，则应与农业生产合同的定义保持一致。美国明尼苏达州，相应合同称为"农业合同"，其定义是发包方和生产方之间的所有书面合同。进一步解释定义为持有收购许可的买受人以粮食批发商或销售商身份从生产方处购买粮食，但并不委托生产方种植产粮作物的合同除外。[①] 智利订单农业相关法律也对"农业合同"作出定义，即农业生产方与农业产业实体或中间商的农产品交易合同。[②]

　　通过对合同组成要件提出进一步要求，农业生产合同定义还可用来细化法律适用范围。此时，定义内容需谨慎拟定，避免意外牵扯或排除一些关系。例如，监管机构需确保法律中农业生产合同的定义与雇佣合同的定义有明显区别（第1章第2节（3）款）。

　　巴西将农业生产合同称为"纵向一体化合同"或"一体化合同"。适用法律对该合同的定义是综合生产者与"集成商"（发包商在当地的称呼）签订的合同，其中规定了生产过程性质、社会责任承诺、卫生要求和环境责任，并对合同当事方关系加以规范。[③] 印度旁遮普邦将此类合同称作"订单农业协议"，其定义为要约购买农产品的买方与同意生产作物的生产方签订的合同，农产品生产销售按协议规定条件执行。[④]

　　从上文讨论中可以看出，农业生产合同的定义取决于当事方（即生产方和发包方）的定义。美国明尼苏达州《明尼苏达州农业合同法案》对生产方的定义是，主动或被动生产农产品且生产量超出自身家庭用量的个人，同时：（1）能够将产品所有权转让他人。（2）为农产品生产提供管理、劳力、机械、设备或其他生产投入品。该法案中，发包方指的是在正常经营过程中购买明尼苏达州境内种植或培育的农产品或者与生产方订立合同委托其在明尼苏达州境

---

　　① 明尼苏达. 明尼苏达州农业合同法案，（17.90节（1a））。

　　② 智利. Ley crea un registro voluntario de contractos agricolas（No 20.797），第3条. 见第149号法令. 20.797号法律条例批准机构经济、发展和旅游部。

　　③ 巴西. Lei sobre os contratos de integração vertical nas atividades agrossilvipastoris（13.288号法），第2条。

　　④ 印度旁遮普邦。旁遮普邦订单农业法案（2013年第30号），第1条。

内种植或培育农产品的个人。① 巴西 13.288 号法对生产方的定义是，以个体或集体名义与集成商达成纵向一体化合同，独立或在雇工劳动配合下接受商品或服务进行原材料、半成品或最终消费品生产和供应的"农林牧"生产者，或为自然人或为法人。发包方，或称集成商，是通过纵向一体化与综合生产者对接，提供货物、投入品和服务，接收原材料、半成品或最终消费品的自然人或法人。②

（3）宗旨

法律文书的宗旨取决于监管机构优先重点及政策选择。宗旨本身鲜少具有法律约束力，但文书起草规范要求文书主要内容（第 4 章第 3 节）与宗旨保持一致（Vapnek 等，2007）。

这样一来，各项宗旨就能为落实和解释重大法律条款提供指导。宗旨表述可沿以下方向：改善生产者市场准入环境，增强生产方与发包方合同关系的公平性，从而为农业市场良好运行创造条件。

摩洛哥 04-12 号法（农业一体化）是一部农业合同关系法，旨在为订约人交易（尤其是商业交易）提供保障。③ 西班牙 12/2013 号法律对立法宗旨的表述是改善食品供应链运转情况，更确切地说，是提高食品行业效率和竞争力、铺设新的食品分销渠道。④ 印度《旁遮普邦订单农业法案》的宗旨则更加清晰：通过订单农业促进农产品营销，以及规范高效订单农业系统的发展。⑤

适用范围不限于订单农业的法律也会包含订单农业相关宗旨，例如，特定农产品法中会包含该农产品订单农业关系的适用规定。玻利维亚 307 号法即食糖生产法含有订单农业相关规定，其宗旨是规范甘蔗的生产、加工、商业活动和商业化，并维护粮食主权，以国内市场为食糖产品主要市场。⑥ 萨尔瓦多食糖生产相关法律对食糖行业与食糖生产者的关系加以规范，并保障食糖和蜂蜜的生产销售过程公正、合理且透明。⑦

---

① 明尼苏达州. 明尼苏达州农业合同法案，17.90 节。

② 巴西. Lei sobre os contratos de integração vertical nas atividades agrossilvipastoris（13.288 号法），第 2 条（第 Ⅱ 和 Ⅲ 款）。

③ 摩洛哥. Loi relative à l'agrégation agricole（no 04-12），第 1 条。

④ 西班牙. Ley de medidas para mejorar el funcionamiento de la cadena alimentaria.（12/2013），前言及第 1 和 3 条。

⑤ 印度旁遮普. 旁遮普邦订单农业法案（2013 年第 30 号），第 1 条。

⑥ 玻利维亚 Ley del complejo productive de la caña de azúcar（307 号法），第 1 和 3 条。

⑦ 萨尔瓦多. Ley de la produccion，industrializacion y comercializacion de la agroindustria azucarera de El Salvador（490 号法令），第 1 条。

(4) 原则

除宗旨外，法律还可参照或引述外部文书，制定有利于法律解释和法律实施的一般性原则。法律原则也有助于制定附属法。在国际性法律原则层面，《农业和粮食系统负责任投资原则》、[①] 粮农组织"负责任订单农业指导原则"[②] 与《2015 年法律指南》能够在订单农业相关原则方面为监管机构提供启发。以上文书有一项共同原则，即倡导订单农业应互惠互利的观念。互惠关系有助于维护关系的公平性及其他政策目标。

巴西订单农业关系法以法律形式确认这一公平原则，13.288 号法律明确指出其指导原则是当事方资源整合、同心协力且成果公平分配。[③] 西班牙 12 - 2013 号法律的指导原则类似，规定所辖商业关系应遵守以下原则：当事方均衡、公平、互惠、签约自由、友好、互利、风险和责任平等分担、合作、透明，以及尊重自由市场竞争。[④]

各国政府选择合同关系原则时，可参考多份国际文书。《2015 年法律指南》对订单农业合同关系相关原则进行了全面介绍。从广义层面看，尤其是考虑到订单农业协议可以归类为销售合同，1980 年《联合国国际货物销售合同公约》[⑤] 和 2010 年《国际统一私法协会国际商事合同通则》[⑥] 也具有参考价值。

4.2　机构设置

订单农业法律应指定主管部门负责监督法律实施情况，并担负相应监管职能。法律实施的职责可委任给新成立的专门机构或现有机构。法律可通过多种方式指定主管部门和分配职责。阿根廷里奥内格罗省水果生产订单农业相关法律规定，里奥内格罗省水果种植秘书处主管该法适用，并负责确保该法及其附

---

① 世界粮食安全委员会，第四十一届会议"为实现粮食安全和营养而发挥作用". 2014 年 10 月 13 - 18 日，意大利罗马. 农业和粮食系统负责任投资原则。

② 粮农组织. 2012. 关于负责任订单农业运作的指导原则. 罗马。

③ 巴西. Lei sobre os contratos de integração vertical nas atividades agrossilvipastoris（No 13.288)，第 3 条。

④ 西班牙. Ley de medidas para mejorar el funcionamiento de la cadena alimentaria.（12/2013)，前言及第 1 和 3 条。

⑤ 联合国国际货物销售合同公约，维也纳，1980 年 4 月 11 日，S. 条约文件编号 98 - 9 (1984)，联合国文件编号 A/CONF 97/19，1 489 联合国条约系列 3。

⑥ 第 1.6 (2) 条，国际统一私法协会通则 2016。

属法均得到遵守。① 印度旁遮普邦，《旁遮普邦订单农业法案》组建了旁遮普邦订单农业委员会，负责确保法案得到良好落实，促进订单农业履约并提升履约率。委员会由一名首席委员和三名普通委员组成，均为具有不同程度丰富经验的杰出农业专家或政府相应职能领域的高级别退休官员。②

法律实施和其协调工作应始终由牵头机构负责，但具体责任可赋予不同机构。此外，在宪法分权国家，各部门依法各自承担法律监督和法律执行等法定任务。这些职责有时由下属机构或地方主管部门承担，两者具有宪法授权、与地方联系更密切，且监督和执法能力更强。

法律应明确规定各实施机构的核心任务与职责。职责内容取决于政府将在订单农业中承担的角色（第 3 章）。核心任务包括提供推广服务、培训和技术规格，以及在发包方经济支持和激励措施基础上配套支持。政府可为当事方之间建立必要联系及合同订立提供支持，且倘若国家有意愿，可支持建立合同登记、非诉讼纠纷解决公共支持或研究开发等透明执行机制。

此外，法律可设置配套机构，监督执行情况、为利益相关方参与创造条件或向主管部门提供咨询意见。以监督机构为例，规范农业合同关系的西班牙12/2013 号法律创设了"食品供应链观察站"，该机构隶属于农业、食品和环境事务部，负责对食品供应链运行情况和食品价格进行监督、通报、研究并提供咨询意见。该法确保食品供应链中从生产者到最终消费者环节最具代表性的组织及协会均涵盖在内。③

法律还可指定承担咨询或行政职能的实体或机构作为公私对话的平台（第 2 章第 3 节），应反映生产方和发包方双方观点。这一做法在特定商品法中十分常见，特定商品法通常会设立一个公私合作管理机构，在合同整个生命周期内承担不同职能。萨尔瓦多和哥斯达黎加均有食糖生产行业立法，法律对订单农业作出规定，并设立了该行业的国家级指导机构。萨尔瓦多食糖加工业理事会由八名成员及其候补人员组成，其中两人代表国家、三人代表生产方、三人代表私营部门。④ 哥斯达黎加甘蔗加工业联盟为非国有公共机构，接受董事会指导，董事会由三名生产方代表、三名行业代表和两名国家代

---

① 里奥内格罗省，阿根廷 . Regimen de transparencia para la vinculacion entre la produccion，empaque，industria y commercializacion de frutas en Rio Negro（E 3.611），第 30 条。

② 印度旁遮普邦 . 旁遮普邦订单农业法案（2013 年第 30 号），第 15 条。

③ 西班牙 . Ley de medidas para mejorar el funcionamiento de la cadena alimentaria，（12/2013），第四卷。

④ 萨尔瓦多 . Ley de la produccion，industrializacion y comercializacion de la agroindustria azucarera de El Salvador（Decreto N°. 490），第 7 条。

表组成（Solera 和 Gamboa，2005）。哥斯达黎加水稻①和咖啡②行业也设有类似机构。

如前文所述，中央或地方主管部门也会开展检查、审计以及诉讼和非诉讼纠纷解决等执法活动。相关讨论见第 4 章第 3 节（1）款和（3）款。

4.3　订单农业法律的主要内容

除序言条款和机构设置相关规定外，所有法律均包含主体条款。主体条款是法律的核心，通常旨在①实现监管目的；②规定利益相关方的权利义务；③确保监管部门享有履职尽责和确保实现法律目标的必要法律手段及权限。

法律主体条款规定实现监管目标所需的多种手段。订单农业监管的重要目标之一是确定农业生产合同相对于其他类似农业合同的特征（第 1 章第 2 节）。确定特征有赖于法律规定的合同必备内容，详见下文。此外，主体条款包含负责任订单农业的政府支持机制（第 3 章第 1 和 2 节）。

（1）订单农业合同的内容

本节将探讨对于当事方农业生产合同应当包含的内容应如何进行法律规定。这些内容至关重要，有助于确保订单农业合同足够完整和平衡，以推动建立互利和公正的订单农业关系。国家立法机构可依据监管目的，自由决定是否纳入这些条款或其他类似内容。

法律可仅为当事方提供形式和内容要求，实际成为一般合同法的延伸。这将把法律牢牢置于私法体系之内，并遵循私法体系所创立的监管和执法机制。要求当事方在合同中列入某些条款，无论是否有详细内容要求，在任何情况下均可确保法律至少体现订单农业关系最重要的内容，还提供了可供遵循的框架，便于当事方起草合同。

在法国，一体化合同是法定订单农业形式之一，必须包含特定条款。例如，合同必须包含货物交付相关条款，其中还必须规定在生产方或其代表见证下对货物进行称重和分拣的程序。合同还须明确规定价格计算或调整公式，并应确定支付方式以及哪一方将提供哪些投入品。其他强制性条款包括：产地、期限、合同签署、续约、延期和解除的条件，各项义务的期限与时间间隔。③

---

① 哥斯达黎加 . Ley de la Creación de la Corporación Arrocera，（Ley 8285），第 1 条。

② 哥斯达黎加 . Ley sobre el regimen de relaciones entre productores，beneficiadores y exportadores de café，（Ley 2762），第 102 条。

③ 法国 . Code rural et de la pêche maritime，第 R326 - 1 条。

本立法研究分析的国家中，柬埔寨①、西班牙、② 摩洛哥、③ 比利时④、萨尔瓦多⑤、巴西⑥、阿根廷里奥内格罗省⑦、土耳其⑧和哥斯达黎加⑨等国家和地区也提出了类似要求。

①当事方、合同的订立和形式

合同当事方

生产方和发包方是农业生产合同的主要当事方。法律应确保自然人或法人均能成为当事方，便于农业生产方通过生产者组织整合资源并参与订单农业。对于为当事方设定的其他类型要求，可视具体情形确定复杂程度，以调整适用范围并实现监管部门的具体政策目标。监管部门的目标受众越有针对性，对当事方的定义就越详细（第 4 章第 1 节（2）款）。

一些订单农业立法的目标是保护合同关系中的弱势一方。为确保目标受益者能从法律中获益，起草法律时可将适用范围限制为一定规模以下的生产者，按收入、田产、总产量或国内使用的其他客观指标划分。例如，巴西创立了"社会燃料标识计划"，核心宗旨是促进小农融入社会（第 2 章第 1 节）。⑩ 再如，在哥斯达黎加，甘蔗必须依照合同由独立生产者生产，独立生产者可包括所有生产甘蔗的自然人、法人实体、事实企业、庄园、托拉斯或值得信赖的宗教团体，但前提是每季甘蔗交付量最多不得超过 5 千吨。甘蔗交付量在 5 千吨以上的生产者将不再视为独立生产者，也不再享受相应法律的保护措施。⑪

---

① 柬埔寨 . 订单农业二级法令，（第 36/2011 号），第 8 条和第 9 条。

② 西班牙 . Ley de medidas para mejorar el funcionamiento de la cadena alimentaria，（第 12/2013 号），第 8 条和第 9 条。

③ 摩洛哥 . Loi relative à l'agrégation agricole，（no 04 - 12），第 9 条和第 10 条。

④ 比利时 . Loi relative à l'intégration verticale dans le secteur de la production animale，（1976 - 04 - 01/32），第 3 条。

⑤ 萨尔瓦多 . Ley de la produccion, industrializacion y comercializacion de la agroindustria azucarera de El Salvador，（Decreto N°.490），第 33 条。

⑥ 巴西 . Lei sobre os contratos de integração vertical nas atividades agrossilvipastoris，（No 13.288），第 4 条。

⑦ 阿根廷奥内格罗省 . Regimen de transparencia para la vinculacion entre la produccion, empaque, industria y commercializacion de frutas en Rio Negro，（E 3.611），第 4 条。

⑧ 土耳其 . 订单农业程序和原则条例，（第 26858 号）。

⑨ 哥斯达黎加 . Decreto Ejecutivo 28665: Reglamento a la Ley Orgánica de la Agricultura e Industria de la Caña de Azúcar N°7818，第 226 号。

⑩ 巴西 . Dispõe sobre os critérios e procedimentos relativos à concessão，manutenção e uso do Selo Combustível Social，（Portaria 337/2015），第 3 条（I-III）款。

⑪ 哥斯达黎加 . Ley organica de la agricultura e industria de la cana de azucar，la asamblea legislative de la Republica de Costa Rica，（Ley 7818），第 55 条。

虽然生产方和发包方是所有农业生产合同的主要当事方，但并非唯一当事方。尤其是当中间人在国内订单农业中发挥重要作用时，监管部门不妨给予中间人正式地位。

例如，澳大利亚《园艺业行为准则》是 2010 年《竞争和消费者法案》规定的行业准则，规定了生产方代理人的作用。代理人的职责之一是必须以生产方利益最大化为出发点，定期向生产方提供销售活动报告。[①] 在威斯康星州牛奶合同适用法律中，明确规定了合格生产方代理人的作用和权力，即在与发包方签订的牛奶生产合同中代表生产方，同时明确提出，生产方代理人不具有生产方牛奶的所有权。[②] 智利订单农业相关法律仅将生产方定义为生产初级农产品的自然人或法人。发包方被称为"农业产业方"，定义为加工或使用产品的自然人或法人。智利法律还预想到中间人的潜在作用，并将其定义为以买方身份参与农产品首次交易并计划随后出售产品的自然人或法人。[③]

合同订立要求

习惯上用要约和承诺的概念确定当事方是否以及何时达成协议。上述概念以及能力和合意相关问题通常在一国一般合同法中有详细规定，也适用于订单农业关系（统法协会/粮农组织/农发基金，2015）。

鉴于订单农业关系当事方的市场议价能力往往存在巨大差异，因此法律可规定一些额外要求，确保合同订立的公正性和公平性。例如，法律可要求发包方在签约前向生产方提供详细信息（第 4 章第 3 节（2）款），允许生产方在签约后仍有一定时间仔细考虑合同内容（第 4 章第 3 节），或要求合同经公共机构登记或批准（第 3 章第 2 节（3）款）。然而，由于审批过程往往耗时长、成本高，且易滋生腐败，审批可能带来不必要的僵化因素。

为确保合同的公平性，法律还可允许或要求政府参与合同订立，例如在对订单农业有意向的各方之间建立联系（第 3 章第 1 节（2）款）。

合同形式要求

法律应要求合同采用书面形式且由当事方签署，这是合同的一项基本特征。

简明易懂的书面合同可加强当事方协议的明确性、完整性、可执行性和效力。不论是合同订立阶段，还是整个合同关系存续期间，加强发包方和生产方之间的透明度、开放沟通和密切协作均为关键原则（统法协会/粮农组织/农发基金，2015）。

---

① 澳大利亚 . 2017 年竞争和消费者修正法案（园艺业行业准则），第 27 条和第 29 条。

② 威斯康星州 . 生产者代理人，（农业、贸易和消费者保护厅 100.16)，第 1 节。

③ 智利 . Ley crea un registro voluntario de contractos agrícolas (N° 20.797)，第 3 条。

合同金额极小的情况除外，因为形式要求对小额合同而言可能过于烦琐。

欧盟第 1308/2013 号条例中有一项明确的书面要求，规定所有甜菜和甘蔗的订购合同均为书面协定，其中播种前签订的交付合同符合本立法研究报告中使用的农业生产合同定义。[①] 柬埔寨规定，农业生产合同必须为书面形式。[②] 在美国明尼苏达州，合同的定义明确要求合同为书面形式。[③] 同样，比利时畜牧业法也规定合同及其任何修正案均采用书面形式。[④] 在西班牙，农业生产合同须采用书面形式，合同金额预估在 2 500 欧元以下的情况除外。[⑤]

虽然为明确起见，应明确规定以书面形式订立合同，但也可通过强制性条款和登记要求等形式间接作出规定。如在摩洛哥，订单农业特别法并未明确规定合同采用书面形式，但规定合同须列入多个强制性条款，隐含书面要求。[⑥] 在旁遮普邦（印度），《旁遮普邦订单农业法案》并未明确要求合同采用书面形式，但要求合同登记，[⑦] 意为需要书面合同。

各国不一定需要出台订单农业特别法来要求订单农业合同采用书面形式。

各国可在一般合同法中规定订单农业合同等特定类别合同采用书面形式。例如，规定法人实体与个人订立的合同，或超过特定金额的合同采用书面形式。不论监管部门是否希望出台订单农业专门规定，上述方法均有利于订单农业享受书面合同的优势。

乌干达的农业生产合同以《货物销售法》为法律依据，该法规定，对于商品超过一定价值的销售合同，法院强制执行的前提是具备由被告方签署的书面合同说明或备忘录。[⑧] 在马拉维，订单农业也在很大程度上遵守《货物销售法》，若销售合同所涉及商品超过一定价值，则合同必须采用书面形式或具备书面证明。[⑨]

在一些国家或特定情况下，生产者的文化水平相对较低。

法律应要求订单农业合同以合同各方均能明确理解的语言撰写，使农业生

---

① 欧洲议会和理事会 2013 年 12 月 17 日第 1308/2013 号条例——建立农产品市场共同组织，并废除理事会（EEC）第 922/72 号、（EEC）第 234/79 号、（EC）第 1037/2001 号和（EC）第 1234/2007 号条例，第 125 条。

② 柬埔寨. 订单农业二级法令，（第 36/2011 号），第 9 条。

③ 明尼苏达州. 明尼苏达州农业合同法，第 § 17.90 节（1a）款。

④ 比利时. Loi relative à l'intégration verticale dans le secteur de la production animale，（1976 - 04 - 01/32），第 2 条。

⑤ 西班牙. Ley de medidas para mejorar el funcionamiento de la cadena alimentaria，（12/2013），第 2 条。

⑥ 摩洛哥. Loi relative à l'agrégation agricole，（no 04 - 12），第 9 条和第 10 条。

⑦ 印度旁遮普邦. 旁遮普邦订单农业法案，（2013 年第 30 号法案），第 4 条第（3）款。

⑧ 乌干达. 1932 年，第 10 节第（5）条和第（6）条。

⑨ 马拉维. 货物销售法，（48：01），第 5 节。

产合同更通俗易懂。要求语言易懂有助当事方更好地理解其合同权利和义务，可促进知情同意。

举一个鲜明的例子，美国明尼苏达州《农业合同法案》规定，所有农业合同必须文字清晰、恰当分节并添加标题，使用行业内具有正常智力、教育和经验水平的人都能理解的词汇和语法，以清晰和连贯的语言书写①。同样，在巴西，根据无效处罚规定，一体化合同必须清晰、准确、符合逻辑顺序。②

②当事方义务

质量和数量要求

质量问题，尤其是数量问题，由当事方自行决定最佳。虽然监管部门能够制定具体质量标准，供当事方在合同中采用，但对于订单农业关系中产品具体数量或质量的规定，则鲜有用处。

然而，拟交付或接收的产品数量对当事方而言均为关键信息。因此，法律可要求在合同中列入数量条款。当事方可自行决定条款内容，法律也可提出其他要求。例如，法律可赋予数量条款某种程度的灵活性（如总量的较小比例），允许生产方供应量与商定数量存在一定偏差，而不必承担后果。

例如，智利规定，所有产品的农业生产合同必须含有数量条款方可在自主登记处登记。③ 哥斯达黎加④和萨尔瓦多⑤规定，甘蔗生产合同必须包含数量条款。巴拿马也规定，无论何种农产品，数量条款均为强制性条款。《巴拿马农业法典》还进一步要求当事方明确数量条款是否允许误差，以及误差范围。⑥ 同样，《匈牙利民法典》允许农业生产方供应量比农业生产合同规定数量少 10%。⑦

若监管部门希望确保当事方重视并解决商品质量问题，简单方法是要求当事方在合同中加入质量条款。在订单农业相关规定用于多种不同产品的情况下，很难设定具体质量要求，因此当事方自主决定更为合理。例如，柬埔

---

① 明尼苏达州 . 明尼苏达州农业合同法案，第 17. 943 节，第 1 分节。

② 巴西 . Lei sobre os contratos de integração vertical nas atividades agrossilvipastoris， （No 13. 288），第 4 条。

③ 智利 . Ley crea un registro voluntario de contractos agrícolas（N°20. 797），和经济、发展和旅游部通过的批准第 N° 20. 797 号法规的第 N° 149 号法令，第 6 条。

④ 哥斯达黎加 . Decreto Ejecutivo 28665：Reglamento a la Ley Orgánica de la Agricultura e Industria de la Caña de Azúcar N°7818，第 226 条。

⑤ 萨尔瓦多 . Ley de la producción, industrialización y comercialización de la agroindustria azucarera de El Salvador，（Decreto N°. 490），第 33 条。

⑥ 巴拿马 . Código Agrario de la República de Panamá，（N°. 55 of 23. 05. 201 1），第 140 条。

⑦ 匈牙利 . 民法典，第三十四章，第 6：232 节。

寨①、巴拿马②和摩洛哥③已将质量条款列为强制性条款。

为确保某些重要产品品质优良，可利用法律对农业生产合同中的质量要求作出更详细的规定。法律可成立有质量标准设定资质的机构。另外，可参照现行法律在法律条文中设立标准，但不强制当事方遵守，或规定由附属法设立标准。

阿根廷颁布了一项葡萄酒订单生产特别法，要求交付给发包方的葡萄酒酒精度遵循国家葡萄栽培研究所相关规定。④ 在哥斯达黎加，现行水稻生产法实施条例规定了水稻生产合同必须遵循的最低质量标准。⑤ 津巴布韦规定了所有谷物和谷物产品的质量等级，要求当事方必须采用。⑥

投入品供应

发包方向生产方提供投入品是许多订单农业关系的典型特征（第1章第1节）。因此，法律可将这一特征写入农业生产合同定义（第4章第1节（2）款）。法律和农业生产合同可同时对投入品供应作出规定，也可由农业生产合同单独规定。

一方面，要求发包方提供投入品有助于降低小农获取投入品的成本，更好地参与生产活动。另一方面，并非所有发包方都有资源或意愿提供大量投入品。若法律对投入品要求过多，则发包方仅剩余有能力负担者。在某些情况下，发包方对投入品要价过高，生产方将陷入投入品成本和质量的两难抉择，既无法获取最优价格，也无法确保投入品质量（统法协会/粮农组织/农发基金，2015）。

例如，摩洛哥规定当事方农业生产合同必须包含投入品条款，包括投入品性质、数量和供应方式。⑦ 对于投入品种类和提供方式，法律未作进一步规定，由当事方自主决定。在柬埔寨，发包方必须提供农业投入品，包括种苗、种子和水生、陆生动物种畜，明确规定了多个领域的订单农业开展方式。⑧ 在比利时，当事方必须在畜牧业生产合同中纳入一项条款，规定发包方所提供商品和服务如何计算或执行，⑨ 具体方式由当事方协商决定。

---

① 柬埔寨 . 订单农业二级法令，（第 36/2011 号），第 9 条。

② 巴拿马 . Código Agrario de la República de Panamá，（No. 55 of 23.05.201 1），第 140 条。

③ 摩洛哥 . Loi relative à l'agrégation agricole，（no 04 - 12），第 9 条。

④ 阿根廷 . Contratos de elaboracion de vinos，（Ley 18.600），第 3 条。

⑤ 哥斯达黎加 . Ley de la Creación de la Corporación Arrocera，（Ley 8285），第 33 条。

⑥ 津巴布韦 . 农业贸易局（粮食、油籽及相关产品）规章，（2013 年第 140 号规定），第 8 条。

⑦ 摩洛哥 . Loi relative à l'agrégation agricole，（no 04 - 12），第 10 条。

⑧ 柬埔寨 . 订单农业二级法令，（第 36/2011 号），第 9 条。

⑨ 比利时 . Loi relative à l'intégration verticale dans le secteur de la production animale，（1976 - 04 - 01/32），第 3 条。

法律也可对发包方出售给生产方的投入品定价进行干预，确保生产方以较低价格购买投入品，且投入品价格与支付给生产方的最终价款挂钩。若发包方是生产方投入品的唯一来源，发包方往往会索要高价。为避免上述情况，法律可对投入品价格上限作一般性规定，确保发包方向生产方提供的投入品价格不会超出现行市场价格过多，或要求投入品价格反映最终商品价格。在巴西，投入品最终价格必须得到监督、发展与统筹委员会批准，发包方不得收取额外费用。① 在法国，对特定的农业生产合同而言，向生产方支付的产品价格计算公式必须按合同约定考虑履约必需投入品的价格或质量差异。②

产品交付

最终产品的交付是订单农业关系的关键环节，可能引发混乱和纠纷，也可能产生国家承认的法律效力，如所有权让渡或风险转移。

法律可规定农业生产合同需包含关于交货的强制性条款，从而要求当事方考虑交货问题。监管部门不妨确保监管制度为当事方提供交货方式的相关指导。这种指导不一定面面俱到，因为不同产品的交付模式可能迥然不同。然而，监管部门不妨确保监管制度至少规定一些基本义务，如交货方、交货时间和地点。各国通常依据本国法律传统采用任意性规范处理此类问题（插文 1）。

这不一定表示需要颁布订单农业特别法，因为一般合同法通常已经规定了交货的任意性规范，以及当事方的最基本责任。通常情况下，除非当事方另有决定，否则一般合同法要求生产方在合理期限内在生产方营业地向发包方交付产品，在农业中生产方营业地通常指农场。在乌干达，《货物销售法》可适用于诸多农业生产合同，要求卖方在合理期限内向买方交付货物。交货地通常为生产方营业地。在特定产品的销售合同中，货物实际所在地为默认交货地。③

监管部门发现，在某些情况下制定产品交付具体规定大有裨益，可确保法律更好地考虑由易腐坏等商品属性引发的问题。虽然为个别产品制定详细的交货规定相对容易，但也会造成规定过于僵化，导致交货方法既不为任何一方当事方所接受，也不为监管部门的政策所青睐。因此，监管部门需要认真考量特定产品交付规定的详细程度。

萨尔瓦多食糖生产法就是一个在特定产品交付规定中考虑产品特性的例子。鉴于甘蔗采收后质量迅速下降，萨尔瓦多法律规定，生产方须在采收后

---

① 各订单农业关系中必须设立监督、发展和统筹委员会，是法定的当事方磋商会议。委员会组成人员中生产方和发包方代表各占半数，旨在促进当事方之间的顺畅贸易 . Lei no 13. 288 De 16 Maio De 2016，第 4 条（Ⅷ）款。

② 法国 . Code rural et de la pêche maritime，第 R326－1 条第（5）款。

③ 乌干达 . 1932 年货物销售法，第 29 节。

72 小时内向制糖厂交付甘蔗，而发包方也必须在同一时间段内收货。鉴于此，交货必须在发包方营业地而非生产方营业地进行。如有任意一方违约，违约方须赔偿另一方的全部或部分损失。①

私自销售问题

私自销售与数量、交货息息相关。私自销售指生产方违约将货物出售给第三方的情形，是发包方在订单农业中面临的主要风险之一（引言第（3）节）。禁止私自销售始终是任何订单农业法律的隐含要求；一旦当事方签订具有法律效力的合同，生产方就有义务依据合同向发包方交付货物。如果生产方违约私自销售，发包方不仅无法获取最终商品，向生产方提供的投入品也可能遭受经济损失。考虑到违约行为的严重后果，监管部门可考虑在法律中明令禁止私自销售，避免不良后果。为提高效力，禁止私自销售的法律可扩大惩罚范围，除生产方之外，将从生产方处购买产品的第三方也列为惩罚对象。

智利规定，对于已在自主登记处登记的合同，为保护发包方利益将制裁把货物私自销售给第三方的生产方。购买合同产品的第三方将与生产方共同承担已登记发包方所遭受的任何损失。此外，已登记发包方有权在即决审判中起诉索赔，审判期限比普通审判更短。② 津巴布韦相关法律明确规定，合同规定的谷物和油籽不得出售给发包方以外的任何人，否则谷物或油籽买方应按委员会确定的价格赔偿，并补偿发包方同等数量和质量的谷物或油籽③④。

验收

发包方通常需要或希望在收货前检验最终产品，以确保产品数量和质量符合约定。验货往往决定着生产方的收入，因而成为订单农业中常见的纠纷来源。虽然合同本身的作用就是减少验货的随意性、避免纠纷、发展互利关系，但法律也可对最终货品检验作出默认或强制性规定。

《2015 年法律指南》确定了一种良好做法：授权生产方本人或代表参与验货。此做法可载入法律，并成为农业生产合同必备条款。一些欺诈行为（如篡改农产品重量）时常发生。然而，如果双方和独立第三方均参与验货，或者合同规定了解决质量判定纠纷的认证程序或仲裁条款，欺诈行为发生的概率就会

---

① 萨尔瓦多 . Ley de la produccion，industrializacion y comercializacion de la agroindustria azucarera de El Salvador，(Decreto N°. 490)，第 37 条。

② 智利 . Ley crea un registro voluntario de contractos agrícolas（N° 20.797），第 17 条。

③ 委员会是由法律规定设立的机构，由国家代表、生产方和发包方组成，承担推动粮食油籽产业发展等职能 . 津巴布韦 . 农业市场管理局（谷物、油籽等产品）规章，(2013 年第 140 号规定)，第 4 条。

④ 津巴布韦 . 农业市场管理局（粮食、油籽及其产品）规章，(2013 年第 140 号规定)，第 7 条第（5）款和第（10）款。

降低。简而言之，法律应保障生产方拥有对最终货品质量判定过程进行核验的能力（统法协会/粮农组织/农发基金，2015）。

在阿根廷的里奥内格罗省，水果生产合同中的生产方始终有权监督已交付水果的分拣过程，且发包方须在验货完成后 72 小时内，按照适用规定中的形式和内容要求向生产方提供收据。① 在萨尔瓦多，对交付至糖厂的甘蔗，生产方可指定代表核验其重量和质量，并审查影响最终价款的其他数据或流程。② 在法国，一体化合同生产方有权要求其代表监督最终货品和服务的称重、计量或分拣过程。③

尤其是当监管部门选择为某些产品制定订单农业专门规定时，应考虑该产品特殊性。一些农产品，如上文提到的甘蔗，在采收后极易腐坏。在这种情况下，验收过程的任何延误都会影响产品的最终品质，从而影响生产方利润。因此，有必要对某些农产品设定验货时限，确保一旦验货延误造成品质下降不会对生产方不利。

除了上述萨尔瓦多的例子外，另一项突出例子是《旁遮普邦订单农业法案》。根据该法，发包方须在交货后立即称重，在称重完成后确认收货，并向生产方提供附有销售收益明细的收据。该法规定，货品一经验收，即视为发包方已对产品进行充分查验，无权退回产品。④

由于订单农业最终产品的重量和质量判定经常引起纠纷，法律可对这一问题给予额外关注，为量具及其使用制定具体标准，并规定开展检查，确保标准在实践中得以遵守。萨尔瓦多食糖加工业理事会可通过其董事会确定糖厂测定甘蔗重量和质量的必需设备，并组织对制糖厂、分销商、包装商和仓库进行审查，核实其合规情况。⑤ 同样在哥斯达黎加，至少对食糖⑥、水稻⑦和咖啡⑧，有关部门可解释并执行最终产品重量和质量测定的相关规定。

① 阿根廷 . Regimen de transparencia para la vinculacion entre la produccion, empaque, industria y commercializacion de frutas en Rio Negro, (E 3. 611)，第 7 条。

② 萨尔瓦多 . Ley de la produccion, industrializacion y comercializacion de la agroindustria azucarera de El Salvador, (Decreto N°. 490)，第 38 条。

③ 法国 . Code rural et de la pêche maritime，第 R326 - 1 条（4）款。

④ 印度旁遮普邦 . 旁遮普邦订单农业法案，（2013 年第 30 号规定），第 5 条。

⑤ 萨尔瓦多 . Ley de la produccion, industrializacion y comercializacion de la agroindustria azucarera de El Salvador, (Decreto N°. 490)，第 11 条。

⑥ 哥斯达黎加 . Decreto Ejecutivo 28665：Reglamento a la Ley Orgánica de la Agricultura e Industria de la Caña de Azúcar N°7818，第 270 号。

⑦ 哥斯达黎加 . Reglamento a la Ley N° 8285 de Creación de la Corporación Arrocera Nacional, Poder Ejecutivo de la República de Costa Rica (Decreto Ejecutivo 32968)，第 7.22 条。

⑧ 哥斯达黎加 . Ley sobre el regimen de relaciones entre productores, beneficiadores y exportadores de café, (Ley 2762)，第 13 条。

监管部门也可遵照一般合同法和销售合同法中的验收相关规定。虽然这些规定未考虑农产品的特殊性，但要求或允许发包方在交货后进行验货，仍有助于判定最终产品的实际品质，从而明确生产义务完成情况。

在乌干达，发包方可要求生产方提供合理验货机会，以确定货物是否符合合同规定。发包方获得验货机会后，无论是否实际验货，均视为验收完成。[1] 芬兰《货物销售法》规定，发包方有验货义务，否则无权就货物瑕疵索赔。验货应在风险转移时进行，也就是通常在交货时验货。[2] 明尼苏达州规定，发包方有权在付款或收货前验货。[3]

定价

通常情况下，价格是合同的基本条款。在一些法律制度中，不包含价格条款的合同不具有强制执行效力。因此，订单农业的法律框架应明确要求当事方在农业生产合同中列入价格条款。法律通常允许当事方自行确定价格或定价机制，但在特殊情况下，政府可能会左右定价方式，尤其是敏感产品。实际价款不一定以现金支付，也可以实物支付，[4] 法律不妨允许当事方自主决定。

自主定价便于增强当事方对合同关系的控制权。如自主定价，当事方可自由协商价格，更充分地考虑双方关系的特点，但也会导致强势一方不公平定价。为最大程度降低风险，法律可规定价格不仅可由当事方双方亲自决定，也可由当事方代表组织决定或通过专门解决权力不对等问题的协商机构决定，旨在解决权力不对等问题。由于上述方法增加了合同订立所需的时间和资源，因此使用的前提条件为：监管部门已明确当事方之间明显存在长期权力不对等，且已出现不满意或不公平定价。例如，摩洛哥法律规定当事方在合同文本中确定定价方法，从而使价格成为农业生产合同的必备条款。[5] 在巴西，所有订单农业项目必须采用由当事方代表组成的合作单位即监督、发展与统筹委员会协商决定的价格。[6]

允许当事方自行确定价格不代表法律不包含适用任意性规范，若当事方未在合同中列入定价条款，则适用任意性规范。监管部门通常以现行一般合同法为依据，通常其中已包含任意性规范，并要求在考虑产品特点或市场同类产品

---

① 乌干达.1932 年货物销售法，第 27 节和 34 节。

② 芬兰.货物销售法，(355/1987)，第 20 条。

③ 明尼苏达州.统一商业准则，§336.2－310。

④ 例如，老挝民主共和国的订单农业计划不涉及资金往来。在该计划下，发包方向生产方提供怀孕母牛。生产方有义务将头胎和第三胎犊牛免费返还给发包方，但有权保留第二胎和第四胎犊牛。发包方负责授精。合同期满时，发包方提供的母牛归生产方所有。

⑤ 摩洛哥.Loi relative à l'agrégation agricole，(no 04－12)，第 9 条。

⑥ 巴西.Lei sobre os contratos de integração vertical nas atividades agrossilvipastoris，(No13.288)，第 4 条（Ⅷ）款。

价格等因素的基础上合理定价。在俄罗斯，如果当事方未在合同中列入价格条款或无法根据其他条款推知价格，则应参考同类产品、工程或服务在类似情况下的一般价格。[①] 马拉维采取了类似方法，规定如果合同中未包含价格条款，则须合理定价。[②]

为解决当事方议价能力不对等问题，确保生产者或消费者获得公平且稳定的价格，法律可规定当事方合同必须明确某些产品的价格下限和上限。另一方面，产品的"适当"价格很难确定。价格水平过高或过低都会抬升经济成本（Anderson 和 Roumasset，1996），降低当事方合同的可行性。一般而言，如果政府支持将价格稳定在远超市场价格的水平之上，会造成产能过剩，抑制消费（价格越高消费越少）。公共价格稳定机制可能阻碍信贷和保险市场创新，减少食品贮藏设施投资（世界银行，2005；Cummings 等，2006；Demeke 等，2009）。在乌干达，咖啡生产法律规定，出口商的咖啡定价不得低于《乌干达咖啡发展局法案》第 8 条第（2）款规定的价格下限。[③] 在马拉维，肉类及肉类产品、牛奶及奶制品部部长有权设立价格下限或上限。[④] 阿根廷对向葡萄酒生产方支付的价格也作出了类似规定。[⑤] 此外，在欧盟，所有甜菜必须采用订单农业方式生产，适用法规也设定了价格下限。[⑥]

除设定价格下限或上限，或根据具体情况定价，还可要求当事方商定反映生产成本的基准价格，然后允许其在该价格基础上协商利润空间，从而确保生产方财务可持续性。一方面，法律可要求当事方将价格与现行价格指数挂钩，例如将产品价格与交货时当地商品交易所的价格挂钩。这有助于缩小当事方议价能力的差距，确保合同中规定的价格反映产品的市场价值。另一方面，将价格与市场挂钩增加了价格波动的风险，导致生产方和发包方的利润易受市场价格波动的影响。在法国，定价标准和方法参照一个或多个反映生产条件和体系多样性的农业生产成本公开指标，以及一个或多个农产品或食品价格公开指标。以上指标可以是任何公共性质的机构发布的指标，地区性、全国性或区域性指标均可。[⑦]

---

① 俄罗斯 . Гражданского кодекса，第 424 条。

② 马拉维 . 货物销售法，（48：01），第 10 节。

③ 乌干达 . 1994 年第 261 号咖啡管理法，第 25 号法规，第 8 节第（2）条。

④ 马拉维：肉类及肉制品法案（67：02），第 4 条（e）款；马拉维 . 奶及奶制品法案（67：05），第 3 条（b）款。

⑤ 阿根廷 . Contratos de elaboracion de vinos，（Ley 18.600），第 4 条。

⑥ 欧盟 . 欧洲议会和理事会 2013 年 12 月 17 日第 1308/2013 号条例——建立农产品市场共同组织，并废除理事会（EEC）第 922/72 号、（EEC）第 234/79 号、（EC）第 1037/2001 号和（EC）第 1234/2007 号条例，第 135 条。

⑦ 法国 . Code rural et de la pêche maritime，第 L631－24 条（Ⅰ）款。

价款支付

一般合同法通常规定了付款方式和期限的任意性规范。除以上一般规定外，法律应针对农业生产中的某些情况做出更详细的规定，以防止逾期付款或照顾当事方的经济能力。一般合同法中的任意性规范通常要求，如生产方已履行其相应义务，须在交货后立即付款或应生产方要求付款。该规定与一般任意性规范均允许当事方起草最适合其情况的支付条款，但也可能导致实力较强的一方在起草时追求一己之利。芬兰规定，如果合同中未规定付款期限，发包方必须应生产方要求付款，但前提是，生产方要求付款前须已向发包方交付货物。[①] 在马拉维，付款须在交货时完成。[②] 智利也要求，除非当事方另行约定，否则必须在交货当时当地完成付款。[③]

法律还须对农业生产作出更详细的规定。例如，法律可要求或允许发包方分期支付，而不必一次性付清全部款项，也可要求发包方为生产方提供更为稳定的收入来源，而不是在生产周期结束时一次性支付。如上述规定为强制性要求，合同起草时必须认真考虑双方利益，并提供明确指导。

建立并实施上述较为复杂的制度不仅需要付出巨大成本，还可能严重限制当事方的合同自由。监管部门需认真考虑如何在制度的潜在优势和随之产生的僵化问题之间达成平衡。哥斯达黎加建立了不同产品的分期付款制度。对于咖啡豆种植合同，适用法律规定了临时和最终支付制度。临时支付根据前三个月的销售额计算，每三个月一次。支付委员会（负责法规执行的非政府部门公共机构）每年计算发包方应向生产方支付的咖啡最终款项。该制度统筹兼顾了发包方的销售总额和支出等因素。[④]

由于农村生产方在合同之外获取的资源十分有限，因此逾期付款或支付方式不便均可能造成问题。为确保付款规定得到遵守，付款得以按时完成，法律可规定对逾期付款予以处罚，如采用较高罚息利率。这些措施有助于鼓励发包方履行其合同义务。在美国明尼苏达州，上述规定适用于新鲜果蔬、牛奶和奶油制品、禽肉的合同。在上述产品合同中，付款必须按协议规定或在提货后10天内完成。若发生逾期付款，则须按照12%的年化利率按逾期天数额外支付利息。[⑤] 在旁遮普邦（印度），当事方可协商确定支付方式，但若付款未在交货后立即完成，则须对逾期30天内支付的货款征收利息；若30天内仍未支

---

① 芬兰 . 货物销售法，(355/1987)，第 29 节。

② 马拉维 . 货物销售法，(48：01)，第 29 节。

③ 智利 . 民法典（16 Mayo 2000），第 1872 条。

④ 哥斯达黎加 . Ley sobre el regimen de relaciones entre productores，beneficiadores y exportadores de café，(Ley 2762)，第 52，53，54，57 条。

⑤ 明尼苏达州 . 明尼苏达州农产品批发商法案，(§ 27.03 (4))。

付，则须最终按土地收益金欠款追缴利息。① 比利时的畜牧业合同规定，付款须在双方义务履行完毕当月完成。若超过该截止日期，发包方须在应付账款基础上按法定利率支付罚息，生产方无须提出正式要求。②

监管部门保护生产方免受逾期付款损失的替代或补充方法是授予生产方货物留置权，或通过公共金融机构、保险计划或付款担保设立担保基金，保护生产方不致破产。这往往是发包方无法推卸的强制性义务（统法协会/粮农组织/农发基金，2015）。对于牲畜、肉、禽、乳品贸易，美国设立了法定信托，以保障所有未收到货款的现金卖方利益，直至货款全部付清，③ 但对于年均采购量不超过 50 万美元的包装商，此规定未作保护④。年均销售额或所购产品价值不超过 10 万美元的禽肉经销商同样未受保护。⑤ 在津巴布韦，粮食或油籽合同发包方均须在登记时提交履约保证金，证明其有能力提供投入品并购买最终货物。⑥

保险

并非所有国家都已制定或有条件制定农业保险相关规定，因此监管部门需基于国情认真考虑。鉴于当事方可能更了解农业生产所需且自己有能力支付的保险类型（如有），保险问题也可由当事方自主决定。若法律中列入保险条款，监管部门需要确保，任何投保相关规定均已考虑保险市场行情以及当事方投保能力。

智利规定，当事方须在合同中明确说明投保的产品范围，方能在自主登记处登记农业生产合同。⑦ 因此，购买保险并非对当事方的强制性规定，但一旦购买，则必须在合同中提及。在摩洛哥，保险条款是合同必备条款之一，但对未列入保险条款的当事方，法律未规定具体惩罚措施。⑧ 在比利时，畜牧业生产合同各方均须为牲畜和设施全额投保，以规避火灾和暴风雨的风险。⑨ 法国规定，在一体化合同中购买保险，必须在合同附件中注明保单的日期和编号、

---

① 印度旁遮普邦. 旁遮普邦订单农业法案，（2013 年第 30 号规定），第 5 条。

② 比利时. Loi relative à l'intégration verticale dans le secteur de la production animale，（1976 - 04 - 01/32），第 9 条。

③ 美利坚合众国. 美国法典 § 196 - 197。

④ 美利坚合众国. 美国法典 § 196 - (b)。

⑤ 美利坚合众国. 美国法典 § 197 - (b)。

⑥ 津巴布韦. 农业市场管理局（粮食、油籽及相关产品）规章，（2013 年第 140 号规定），第 5 条（2）款。

⑦ 智利. Ley crea un registro voluntario de contractos agrícolas（N°20.797），第 6 条。

⑧ 摩洛哥. Loi relative à l'agrégation agricole，（no 04 - 12），第 10 条。

⑨ 比利时. Loi relative à l'intégration verticale dans le secteur de la production animale，（1976 - 04 - 01/32），第 11 条。

承保风险、保费金额、投保方名称、以及损失发生时的受益人名称。[①]

③违约免责事由

农业生产合同尤其易受外部因素的影响，从而制约当事方的履约能力。洪水、干旱、气候突变、异常高温或异常低温等自然灾害尤其对农业造成威胁。任何一种天然灾害都有可能摧毁生产方的部分或全部货物，从而使其无法履行义务。同样，非自然事件也可导致一方无法履约，虽然可能性较小。非自然事件的起因可能是政府行为，如法律的重大变革，也可能是社会事件，如罢工、动乱或战争。农业生产合同的期限相对较长，更易遭受意外事件的影响，导致一方无法履行义务（统法协会/粮农组织/农发基金，2015）。

"不可抗力"一词指不可预测、不可避免、超出当事方的合理控制范围，并使一方当事方无法履约的事件。如果事件大大增加了履行义务的难度，但并未导致无法履约，则称为"情势变更"。鉴于此类事件可能对合同关系的存续产生巨大影响，法律须要求当事方在农业生产合同中列入不可抗力条款。条款一经列入，当事方将不得不考虑意外事件的影响，提高了意外事件发生时双方关系存续的可能性。例如，按照欧盟规定，如果各成员国决定生产方向发包方交付特定货品须具备书面合同，则合同必须列入发生不可抗力时的适用规定。[②] 同样，法国规定，若生产合同中的农产品交易以转售或加工为目的，则合同中必须包含不可抗力条款。[③]

适用法律制度通常会作出任意性或强制性规定，说明不可抗力事件对当事方关系的影响，即使当事方在合同中未列入不可抗力条款。常见做法是对不可抗力事件造成的违约行为予以免责。在少数法律制度中，发生情势变更（包括合同均衡状态的根本性变化）需要重新协商。由于核心义务无法履行，除单项条款外，整个协议也可视为无法执行。法律应将举证责任分配给其中一方，由其证明违约行为系由所指事件引发。一般直接受事件影响的一方（例如，洪水、干旱、病虫害等自然灾害的受灾农民）是收集必要证据的最佳人选。

《德国民法典》采用了多国民法典的常见做法，规定在一方确实无法履约的情况下，可驳回另一方的强制履约要求。[④] 在俄罗斯，除非当事方另行约定，否则如果从事商业活动的当事方未履行义务，或以不正当方式履行义务，应承担违约责任。而如果一方当事方证明违约系由不可抗力（定义为在特定条

[①] 法国 . Code rural et de la pêche maritime，第 R326 - 7 条。

[②] 欧盟 . 欧洲议会和理事会 2013 年 12 月 17 日第 1308/2013 号条例——建立农产品市场共同组织，并废除理事会（EEC）第 922/72 号、（EEC）第 234/79 号和（EC）第 No.1 037/2007 号条例》，第 168 条第（4）、（c）、（Ⅳ）款。

[③] 法国 . Code rural et de la pêche maritime，第 L326 - 24 条第（Ⅲ）款。

[④] 德国 . 民法典，第 275 条。

件下无法避免的特殊情况）所致，则可免责。① 在马拉维，如果货物在风险转移给买方之前就已腐坏，而任何一方均无过错，则双方协议宣告无效。②

除违约免责或宣告合同无效外，法律还可提供影响较小的解决办法，以应对不可抗力或情势变更事件。为确保实现当事方初衷，法律可要求在受外界事件影响时中止履约，确保受影响一方有时间克服影响。中止期过后，根据适用的法律制度和当事方意愿，可继续履行、免除义务，也可解除整个合同。按照比利时法律，在畜牧业生产合同履约过程中如发生不可抗力，应当中止履约。如确实无法履约，且中止履约也无济于事，法官可判决解除合同。③

最后，法律可规定受影响一方对另一方的通知义务。预先通知有助于当事方为另一方违约做好准备，降低破坏性事件的不利影响。美国采取了类似举措，《统一商法典》规定，不可抗力条款的适用前提是，卖方必须将延迟或无法交货的情况通知买方，并尽可能告知预计仍可交付的货品数量。④

④违约救济

《2015 年法律指南》和本立法研究所使用的"救济"一词指法律或合同为保护受害方利益免受另一方违约影响规定的任何合法追索权（统法协会/粮农组织/农发基金，2015）。特别是在针对特定产品的订单农业规定中，监管部门认为，法律有必要要求各方将救济条款纳入农业生产合同，以应对某些一般违约或严重违约行为。例如，按照萨尔瓦多法律，食糖生产合同均须包含处罚条款，明确规定双方一致同意的违反合同义务的处罚措施。⑤ 同时规定，如果生产方或发包方违反交货相关义务，须对所造成损失实施救济。⑥ 比利时法律规定，畜牧业生产合同必须对违约赔偿作出详细规定。⑦

如果监管部门认为一般合同法所载救济措施足够充分，则可采用该救济措施。不同的法律制度可能优先采取不同的救济措施，如损害赔偿、强制履行、合同解除、暂停履行、减价和返还。当救济措施为任意性规范时，当事方可自由选择最能准确反映其合同关系的救济措施。为避免处于优势地位的一方滥用救济措施，法律可限制使用某些类型的救济措施，如单方面解除合同及其他不公平行为（第 2 章第 2 节（2）款）。在决定是否采取现行一般合同法中的救济

---

① 俄罗斯 . Гражданского кодекса，第 401 条。

② 马拉维 . 货物销售法，(48：01)，第 13 节第（4）款。

③ 比利时 . Loi relative à l'intégration verticale dans le secteur de la production animale，(1976 - 04 - 01/32)，第 14 条。

④ 美利坚合众国 . 统一商法典 § 2 - 615。

⑤⑥ 萨尔瓦多 . Ley de la produccion, industrializacion y comercializacion de la agroindustria azucarera de El Salvador，(Decreto N°. 490)，第 33 条。

⑦ 比利时 . Loi relative à l'intégration verticale dans le secteur de la production animale，(1976 - 04 - 01/32)，第 3 条。

措施时，监管部门需分析该措施是否充分考虑了订单农业关系中可能出现的不对等问题。一般合同法往往假定合同双方关系对等，或稍对买方有利，而在订单农业中，买方往往是较强势一方。

无论监管力度如何，为促进互利关系存续，可以为各项救济措施的实施设定门槛。例如，唯有严重或根本违约方能解除合同。法律制度还可详细规定救济措施的使用顺序。这样，监管部门可鼓励或要求当事方优先采取影响较小的救济措施，再考虑解除合同这一威胁整个合同关系延续的措施。例如，芬兰《货物销售法》规定，如在买方发出缺陷通知后，卖方在合理期限内无法或无法有效弥补缺陷或更换货物，则买方有权要求降价或宣布合同无效。[①] 根据该法，发包方应首先允许生产方进行补救或更换货物，再考虑采取影响更大的救济措施。同样，《德国民法典》规定了"二次尝试权"，即发包方应首先要求补救，再考虑撤销协议或降低购买价格，或要求损害赔偿。买方可要求生产方在不产生过多费用的前提下，尽量对产品进行补救或更换货物。[②]

⑤期限、续约和解除

期限

在法律中，至少有四种方式对农业生产合同期限加以规定：不作规定；要求当事方自行决定；将期限与产品的自然生命周期挂钩；规定合同的最短和最长期限。法律可允许当事方选择是否在合同中加入期限条款。如未加入，合同往往视为无限期。此类合同的有效期将持续至一切相关义务履行完毕，或合同以其他方式解除之时。在此类合同中，需重点确保当事方议价能力相当，以便当事方的最终选择准确反映双方共同意愿，防止由较强势一方强加于人。

即使法律制度要求当事方在合同中加入期限条款，也不一定会对期限长短加以限制，但当事方必须在合同中加以明确规定。第一种方式允许当事方自行确定期限长短，虽然维护了当事方的缔约自由，但也可能导致较强势一方强加自己的意志。依照美国法律，禽类生产合同当事方须明确规定期限长短。[③] 在智利，合同必须具有固定期限，方能在自主登记处登记。[④] 上述两个案例中，有限期合同的实际期限均由当事方自主决定。

要求农业生产合同期限与产品的生命周期挂钩，有助于确保合同期限与生产所需时间相匹配。鉴于不同产品的生命周期可能大相径庭，因此这一方式不

---

① 芬兰．货物销售法，（355/1987），第37条。

② 德国．德国民法典，第439条。

③ 美利坚合众国．包装商和养殖场法案，联邦法规准则第9篇§ 201.100 (c)。

④ 智利．Ley crea un registro voluntario de contractos agricolas（N°20.797），第2条。

一定适用于涉及多种产品的订单农业相关规定。摩洛哥法律规定，合同必须包含期限条款，否则无效。为确定期限，当事方必须考虑农业活动的特殊性质。法律还规定，如果生产方持有与生产相关的不动产租赁合同，则农业生产合同期限不得超过租赁合同期限。[①]

法律可对农业生产合同严格限制最低或最高期限，既可作一般性规定，也可针对特定部门或产品作专门规定。法律的明确规定有助于避免当事方合同期限过短，以防弱势一方无利可图，也有助于避免将当事方长期捆绑在一起，长期合同对生产耗时较长的特殊行业来说更易于实施，但期限过长的合同难以解除会引发严重问题。比利时订单畜牧业法允许订立无限期合同。然而，如果当事方签订的畜牧业生产合同为固定期限，则期限不得超过三年，除非当事方尚未完成正在履行的义务，如牛只育肥。[②] 这类法律通常将合同的固定期限限制在一定范围内，但也包含灵活性规定，允许当事方酌情调整期限。法国规定果蔬生产合同的最低期限为三年，[③] 牛奶生产合同的最低期限为五年，[④] 同时要求农业生产合同的最低期限一般不得超过五年。[⑤]

鉴于农业生产合同的期限往往较长，法律可要求当事方不时修订合同内容，以确保情况变化后合同仍能体现当事方初衷。这些强制性修订要求不会规定结果，只是要求当事方重新协商，并视情况调整合同。修订要求可以是总体性要求，也可以是关于价格等关键条款的针对性要求。摩洛哥订单农业适用法律规定，当事方可以列入定期修订条款。[⑥]

续约

合同期满时，当事方可能希望续约。虽然缔约自由原则仅赋予当事方决定是否续约和如何续约的权利，但法律至少可就农业生产合同的续约方式提供一些指导。此类规定可要求当事方在合同中列入续约条款，写明是否自动续约，同时限制其中一方单方面续约的权力。

法律要求当事方在合同中加入续约条款，有助于确保当事方认真考虑合同到期后续约的可能性。仅此要求即可让当事方选择最适合其合同关系的续约方式。意大利农产品市场法对农业生产合同做出相关规定，要求所有农业生产合

---

① ⑥ 摩洛哥. Loi relative à l'agrégation agricole（no 04 - 12），第 9 条。

② 比利时. Loi relative à l'intégration verticale dans le secteur de la production animale（1976 - 04 - 01/32)，第 5 条。

③ 法国. Décret n° 2010—1754，农村和海洋渔业法第 L. 631 - 24 条在果蔬业的应用，第 5 条。

④ 法国. Décret n° 2010—1753，农村和海洋渔业法第 L. 631 - 24 条在乳业的应用，第 5 条。

⑤ 法国. 农村和海洋渔业法，第 L631 - 24 条，第 7 款。

同纳入续约机制。⑦ 法国农村和海洋渔业法也有要求续约条款的类似规定。②

正如《2015 年法律指南》所述，在一些法律制度中，自动续约的多个短期合同最终可视为一项长期合同。这可能导致合同关系的确切性质不明确，并可能对合同解除、义务等产生影响（统法协会/粮农组织/农发基金，2015）。应对这种不确定性的方式之一是限制农业生产合同和一般性合同中当事方的自动续约权。由于这种方法限制了当事方的缔约自由，国内监管部门需认真考虑国内法律惯例和整体环境是否支持此种规定。比利时订单畜牧业法明确规定，有期限合同不得自动续约。确切地说，法律规定自动续约合同视为无限期合同。⑨ 法国规定任何合同的自动续约期不得超过一年，鼓励经书面同意续约。⑩

仅允许一方决定是否续约可能产生问题，导致另一方无法从无利可图的关系中抽身。如生产方由于谈判能力不对等而被迫接受较强势发包方强加的条款，则对订单农业尤其不利。这一情况相当于无正当理由赋予发包方过多优势，某些法律制度将其视为不具有法律强制执行效力的合同（统法协会/粮农组织/农发基金，2015）。

解除

当事方可能出于正当理由不愿受制于合同原期限，因此欲解除合同。本节中，"解除"指当事方可以结束合同关系的一切情形，但以解除合同作为违约救济措施或因违约免责事由造成合同解除的情况除外。

监管部门不一定在订单农业专门适用法中列入解除规定；一般法中的解除规定也可适用于订单农业，足以为合同解除提供充分的法律依据。通常情况下，一般法允许当事方共同决定解除合同，或在满足某些先决条件（如通知）的前提下，仅由一方当事方解除合同。允许无条件单方面解除合同可能产生问题，尤其是在另一方尚未收回投资的情况下。无论如何，对解除作出明确规定有助于当事方了解如何解除合同关系。为确保合同解除有明确规则可循，可要求所有农业生产合同列入解除条款，有助于当事方在法律制度框架范围内自主决定如何以及何时解除合同。例如，法国⑪和西班牙⑫均规定农业生产合同必须包含解除条款。

---

⑦ 意大利. Regolazioni dei mercati agroalimentari，（102/2005），第 11 条。
⑧ 法国. Code rural et de la pêche maritime，第 L. 326 - 6 条和 R. 326 - 1 条。
⑨ 比利时. Loi relative à l'intégration verticale dans le secteur de la production animale，（1976 - 04 - 01/32），第 5 条。
⑩ 法国. Code rural et de la pêche maritime，第 L. 326 - 7 条。
⑪ 法国. Code rural et de la pêche maritime，第 L326 - 6 条。
⑫ 西班牙. Ley de medidas para mejorar el funcionamiento de la cadena alimentaria，（12/2013），第 9 条。

当事双方协商一致解除合同被视为最简单的解除方式，因其直接源自公认的缔约自由原则。然而在订单农业中，议价能力不对等难免让人怀疑当事方是否真正达成了一致。但为明确和全面起见，法律仍可明确规定当事方可协商解除合同。这一规定是否太过显而易见而不必纳入监管制度，取决于各国法律体系。例如，智利《民法典》规定，当事方可经协商一致解除合同，唯一前提是双方均有义务不履行，否则将视为已履行所有义务的一方免除另一方债务。① 在柬埔寨，当事方能在任何时间、以任何理由自愿共同解除合同。② 俄罗斯《民法典》规定，当事方有权协商解除合同。除非当事方另行约定或相关法律另行规定，否则合同解除约定将与合同本身具有同等合法性。③

与单方续约一样，允许一方随意解除合同将严重危及另一方利益。特别是如果发包方未经通知解除合同，生产方将很难（若非不可能）完成生产或找到其他买家。因此，建议在一般合同法或订单农业专门法中对非经双方同意情况下当事方的终止权做出规定。

通常要求有解除合同意向的一方向另一方发出通知（期限预先规定），表达其解除合同的意向。规定通知期限的目的在于确保另一方为解除合同做好准备，如开始寻找其他买家或调整生产方式。良好做法是要求以书面形式通知，并规定通知期限。法律可允许免除通知义务，条件是提出解除合同一方有足够重要的理由。在美国明尼苏达州，单方解除农业生产合同时，另一方须收到合理通知。如果合同解除由合同商定的具体事件所致则无须通知。④ 巴西农业生产合同法规定，合同必须包含单方解除和提前解除的预先通知条款，且考虑农业生产周期和投资金额规定通知期限。⑤《德国民法典》规定，除非欲解除义务的一方提出令人信服的理由，否则必须提前通知另一方。理由令人信服的标准为：解除一方考虑该事件的一切情形，并权衡双方利益后，仍无法继续合同关系至双方商定的结束期或通知期满，则视为理由令人信服。⑥

监管部门不妨在与订单农业关系尤为相关的法律中对解除作进一步规定。由于生产方往往需要大量投资，或种植新作物、采用新的栽培技术，因此适用规则可以规定，在生产方获得一定收益或种植新作物所需的专业知识之后方可解除合同。上述限制如经采纳，应在法律中加以明确规定，并尽量缩短期限，

---

① 智利．民法典，（16 Mayo 2000），第 1567 条。

② 柬埔寨．民法典，第 414 条第（2）款。

③ 俄罗斯．Гражданского кодекса，第 452 条。

④ 明尼苏达州．统一商法典 § 336.2 - 309。

⑤ 巴西．Lei sobre os contratos de integração vertical nas atividades agrossilvipastoris，（No13.288），第 4 条。

⑥ 德国．民法典，第 314 条。

尊重当事方的缔约自由。在法国，对于农产品转售或加工合同，如果生产方连续生产合同产品的时间不足五年，则买方不得在五年最低期限结束前解除合同，除非生产方不履约或发生不可抗力。如不续签合同，必须发出通知。[①]

⑥纠纷解决

对于订单农业关系产生的纠纷，非诉讼纠纷解决机制或"非司法"程序往往能提供比司法程序更为恰当的解决方案。因此，以农业和食品部门合同、标准合同、良好实践和行为准则中的供应方—买方关系为对象的适用法律，通常鼓励甚至要求当事方采用非诉讼纠纷解决方法。非诉讼纠纷解决方法会采用友好程序（如调解）或具有约束力的仲裁程序，后者最终裁决具有法律强制执行效力。监管部门通过提供明确指导，说明特定情况下的纠纷解决方式、机构、依据，可提高订单农业关系的可预测性，从而促进履约和关系圆满（统法协会/粮农组织/农发基金，2005）。

调解尤其可以合理解决农业生产合同所产生的纠纷。为鼓励当事方选择调解途径，可要求其在农业生产合同中列入使用调解手段的相关条款。法律规定，当事方可选择调解程序，也可基于选择性或强制性原则提交某机构处理。法律可将调解作为强制性义务，也可视为推荐做法。例如，摩洛哥适用法律规定，当事方合同必须包含调解条款，当事方应首先使用常规调解方法，方可将纠纷提交至仲裁或司法部门。[②] 同样，美国艾奥瓦州要求当事方将合同规定的调解方式作为纠纷解决的首选方法。[③]

除调解外，法律还可鼓励当事方进行仲裁，或规定有义务寻求仲裁。仲裁作为法庭审判程序的一种替代方式，兼具程序的灵活快捷优势和法庭审判结果的效力，正得到越来越多的关注（统法协会/粮农组织/农发基金，2015）。一些法律制度鼓励当事方进行仲裁，或规定有义务寻求仲裁。如上一段所述，在摩洛哥，调解不成再行仲裁。[④] 西班牙加泰罗尼亚专门设立了订单农业仲裁委员会。若当事方希望将纠纷提交至委员会处理，须在农业生产合同中就此达成一致。[⑤]

虽然司法纠纷解决机制往往比非诉讼纠纷解决机制更为耗时烦琐，但也可用于解决订单农业中出现的纠纷。各国可以建立更快捷的程序，提高司法效率，简化司法程序，实施电子化诉讼和管理，使程序更适合解决农业领域的纠纷。例如，智利农业生产合同相关法律规定，法律管辖范围内合同的解释、适

---

① 法国，Code rural et de la pêche maritime，第 L631 – 24 条（I）款。

② 摩洛哥 . Loi relative à l'agrégation agricole，（no 04 – 12），第 12 条。

③ 艾奥瓦州 . 2000 年 9 月生产者保护法案，第 12 节。

④ 摩洛哥 . Loi relative à l'agrégation agricole，（no 04 – 12），第 12 条。

⑤ 西班牙，加泰罗尼亚 . Ley de contratos de integración，（2/2005），第 14 条。

用或执行须遵照《民事诉讼法》所规定的即决审判程序进行。[①] 在这种情况下，当事方之间的纠纷将交由普通国家法院审理，但根据即决审判相关规定，程序上将更加快捷。

如果法律制度允许，各国还可设立农业专门法院，比一般性司法纠纷解决机制更为快捷廉价（第1章第1节）。委内瑞拉设立了农业法院，负责受理与一般农业活动，尤其是农业合同相关的个人诉讼。农业法院的诉讼程序应即时、集中处理，且应遵循简洁、口述、公开原则，并考虑农业生产过程的社会属性。[②]

对个体生产者而言，司法纠纷解决程序的高昂费用可能难以负担，或者法院地理位置太远，难以抵达。即使法律制度纳入了程序保障，由于当事方之间存在实际权力差异，生产方也可能不愿将纠纷诉诸司法程序。为解决这一问题，法律允许生产方通过生产者组织等方式采取集体诉讼，不必单独起诉。例如在法国，生产者组织在得到成员授权的情况下，可代表一个或多个成员就农产品销售合同产生的纠纷提起诉讼，诉讼对象必须为同一买方，针对相同合同条款。[③]

⑦适用法律

适用法律的选择是一项重要条款，法律应要求当事方在各农业生产合同中明确合同适用的法律，尤其是在当事方身在不同国家的情况下。援用适用法律的主要作用是明确规定在国际合同中适用哪种法律制度，包括任意性规范、强制性规范和管辖权。如果没有此类条款，通常将援用生产方所在国的法律体系。

《2015年法律指南》建议农业生产合同适用生产方所在国法律，有利于确保生产方从本国法律的保护中获益。生产方往往只熟悉本国法律制度，因此订单农业合同援用国内生产者法律制度至关重要。法律甚至可以要求当事方将本国法律作为农业生产合同的适用法律。

例如，《艾奥瓦州生产者保护法》便在农业生产合同中规定援用本州法律。该法规定，任何要求适用其他州法律以取代该法的条件、规定或条款均无效且无法执行。[④] 同样，柬埔寨订单农业二级法令要求农业生产合同必须遵循《柬埔寨民法典》的相关规定。[⑤]

---

① 智利. Ley crea un registro voluntario de contractos agrícolas（N°. 20.797），第18条。

② 委内瑞拉. Ley de tierras y desarollo agrario，（N°. 1.546），第155条。

③ 法国. Loi d'avenir pour l'agriculture, l'alimentation et la forêt，（n°2014 – 1170），第15条。

④ 艾奥瓦州. 生产方保护法案，2020年9月，第11节。

⑤ 柬埔寨. 订单农业二级法令，（36/2011号法），第7条。

（2）以监管机制扶持订单农业

本小节部分列出了监管机构需考虑对订单农业予以支持、鼓励或继续监管的领域。在合同执行到位且监管制度已具备弱势方支持措施等情况下，政府不必采用文中措施。至于是否采取文中措施，要视当前总体监管制度以及监管机构的主要政策目标而定。监管方法及机制林林总总，此处不予全面展开，仅重点介绍，并举例说明各国如何决定监管方式。本小节应结合第 3 章第 3 节阅读。

可通过立法确立一系列监管机制，提高合同透明度，并促进监管。增强透明度的方式之一，即要求各当事方在合同签订之前先共享合同信息。项目预期盈利等先合同信息有助于当事方确定合同关系是否为互惠性质，进而就是否加入合同作出知情决策。法律应明确规定信息分享范围，以便当事方了解需交换哪些信息。要求一方提供过多信息，尤其是关于商业惯例和业务模式的信息，或将降低其订单农业参与热情。巴西某专门适用于订单农业的规定指出，发包方有义务向生产方提供先合同信息文件。文件中必须包含生产系统相关信息，例如，生产方投资预估、卫生和环境要求、生产方报酬水平预估和固有经济风险。文件目的在于，早在合同签订之前提高透明度，向生产方提供项目风险和潜在收益信息。[①]

法律条款可允许生产方在合同签订后一段时间内重新考虑订立合同的决定，该方式与先合同信息可两者择一或结合使用。这样一来，生产方便能够寻求专业人士援助，仔细审阅合同，并免责退出已签订合同。例如，美国威斯康星州生产方可于已签署合同副本收讫 72 小时内，或在合同规定的截止日期前，以邮寄纸质解除通知书的方式解除蔬菜采购合同。[②]

如第 3 章第 3 节（1）款所述，一些国家选择建立合同登记系统。无论强制性还是自愿性，合同登记都有助于提升整个体系的透明度，并且能够增强法律确定性。合同登记的主要目的之一是将当事方交易纳入监管范围，确保当事方遵守形式和订立要求。

还可以通过立法提供经济激励或其他激励，扶持订单农业。第 3 章第 3 节（1）款在鼓励登记的激励措施中探讨了非经济激励手段。订单农业法律还可以通过税收、农业投入品获取设施（例如土地）、保费补贴或其他机制来提供其他形式的国家援助。可利用法规和其他附属法详细阐明经济激励的数额和类

---

① 巴西 . Lei sobre os contratos de integração vertical nas atividades agrossilvipastoris，（13.288 号法），第 9 条。

② 威斯康星州 . 蔬菜采购合同，（农业、贸易和消费者保护部，第 101.102 章）第 2 节。

型。西班牙就采用了这一方式，其订单农业相关法律提及当事方激励措施时并未加以详述，而是直接援引"食品与食品供应援助和赠款规定"。[①] 哥斯达黎加情况相似，其稻米生产订单农业相关法律的实施条例规定，国家稻米集团（非国有公共机构）负责为生产方和农业企业提供经济支持。[②]

越南为订单农业生产方和发包方建立了广泛的财政支持机制，并直接在订单农业相关法律文书中作出详细规定。表 2 总结了 62/2013/QD - TTg 号决定提出的各项财政及其他支持（Dang 等，2014）。

表 2　越南订单农业财政支持机制

支持类型	金　额
土地	企业和农民免缴加工厂、仓库或工人住宿用地的费用和租金
出口和贸易促进	企业和农民优先获得政府出口合同和临时仓储项目
土地规划和改良	企业建设运输、灌溉和电力系统可获得部分财政支持
植保费用	农民第一年补贴全部费用的 30%，第二年补贴全部费用的 20%
技术培训费用	企业获一半补贴，农民组织获一半补贴，农民一次性获全额补贴
种子	农民第一茬作物种子成本补贴 30%
仓储	农民不超过 3 个月的仓储费用全额补贴

资料来源：Dang 等，2015。

除激励措施之外，监管机构还可以采用多种机制推动本国订单农业发展。在各方广泛参与的法律起草过程中，监管机构能够发现并制定新的解决方案，助推订单农业（第 3 章第 3 节（1）款）。本研究报告还深入分析了合同范本（第 2 章第 1 节）及私营部门通过合作监管方式参与建立监管制度（第 2 章第 3 节）等案例。

(3) 执法

高效执法有助于维护监管制度。为了给负责任订单农业创造有利环境，监管机构应确保订单农业法律条款能够保障规则得到遵守且违法行为受到惩治。食物权特别报告员也曾在订单农业报告中提出类似观点，报告指出政府"应确保监管能适应小规模农业等商业模式的扩张速度和复杂程度"（de Schutter，2011，第 20 页）。

---

① 西班牙. Ley de medidas para mejorar el funcionamiento de la cadena alimentaria，（12/2013），第 17 条。

② 哥斯达黎加. Reglamento a la Ley N° 8 285 de Creación de la Corporación Arrocera Nacional，Poder Ejecutivo de la República de Costa Rica，（第 32 968 号行政命令），第 7.26.1 条。

因此，法律需具体说明违反合同内容和形式要求条款的后果如何，从而增强当事方的法律确定性，鼓励其遵守法律要求。将不含强制性条款的合同认定为无效合同可有力促进守法，但在守法程度低下的国家则会造成严重后果。如采用该手段，范围应仅限于关键性条款，从而确保当事方尽可能享有合同自由并保护弱势一方的利益。另一种选择是要求违法当事方缴纳罚款或接受其他行政处罚，虽然严厉程度不及合同无效，但有时却更为恰当。在基于激励措施的自愿制度中，不遵守内容要求的后果只是无权获得法定福利。

根据摩洛哥的合同无效处罚规定，订单农业所用合同必须包含法律指定的若干条款。同样，西班牙订单农业相关法律也规定了农业生产合同必须写入的一系列条款，但仅仅满足形式要求并不代表合同成立或有效。缺少书面合同或合同不具备基本细节为法定轻罪。规定时间内犯轻罪两项或以上视为较重罪，规定时间内犯较重罪两项或以上则为重罪。[①] 罚金数额依犯罪情节而定，轻罪不超过 3 000 欧元，重罪 100 001 欧元至 1 000 000 欧元。

此外，执行罚款的公共行政机构还可以将重罪违法行为公之于众，起到震慑作用。[②]

为确保合同内容要求以外的规定得到落实，法律条文应对公共执法机构的检查和监督活动作出规定。一方面，检查和其他监督活动成本较高，因此需慎重考虑开展频率。另一方面，因确信有检查且不法行为会得到适当制裁，当事方会更加自觉遵守法律规定和法律精神。可根据当事方投诉开展检查，或赋予公共机构主动检查的权力。检查自然可涵盖订单农业任意方面，适用法律应要求当事方允许国家检察人员进入特定地点或获取特定文件。印度旁遮普邦，旁遮普邦订单农业委员会的权力没有明确界定，能够对《旁遮普邦订单农业法案》（《法案》）条款内容相关的任何事项主动发起调查。[③]

通过以上检查或其他法律手段发现违反监管制度的行为后，下一步就是惩处违规行为。处罚通常包含罚款，罚金数额不等，由违法一方承担。违法情节越严重，罚金数额越大。可将罚款与其他处罚形式相结合，例如曝光违法企业或个人。上文西班牙的处罚制度也适用于除合同缺少特定条款以外的其他违法行为。[④]

最后，法律应该允许执法对象或处罚对象对裁决提出上诉，并指定专门机构处理。可由专设订单农业监管机构（第 4 章第 2 节）受理上诉，监管机构亦

---

① ②　西班牙．Ley de medidas para mejorar el funcionamiento de la cadena alimentaria．（12/2013），第 24 条。

③　印度旁遮普邦。旁遮普邦订单农业法案（2013 年第 30 号），第 20 条。

④　西班牙．Ley de medidas para mejorar el funcionamiento de la cadena alimentaria（12/2013），第 23 条。

可依靠普通法庭或行政法庭审理上诉。在印度旁遮普邦，根据《法案》制定的命令或《法案》附属法造成权利侵害的，受害人可向《法案》成立的委员会提起诉讼。委员会应给予双方当事方合理申辩机会，随后在三十天内处理上诉。委员会决议为最终决议，可强制执行，具有民事法庭判决效力。[①]

（4）附则

法律附则一般用于规范和促进法律实施，就条例颁布、新法或修正案废止原有法律、财务事项和生效日期等作出规定。附则内容应符合国家立法惯例和该法总体政策目标。

---

① 印度旁遮普邦. 旁遮普邦订单农业法案（2013 年第 30 号），第 24 条。

5 结　　论

　　本研究旨在就如何评估并完善监管制度，进而促进负责任订单农业发展为各国政府提供指导意见。负责任订单农业有助于小农农产品营销，从而创造财富，提高供应链效率，并推动实现粮食安全目标。订单农业可以成为发展农村经济的利器，并支持农业生产者能力建设。通过订单农业，生产方和发包方签订的合同能够从财务、社会和环境角度做到真正互利和可持续。

　　订单农业的若干显著特征使其有别于农业生产中使用的其他合同形式（第1章）。其中最重要的特征是，订单农业发包方不仅积极参与营销，还积极参与生产环节，这一点将其与销售协议区分开来。其他突出特点包括：当事方相互独立（与雇佣关系、联合经营及合作社成员合作协议区分），且当事方义务本质上相互关联（与土地使用合同区分）。以上特征及上一段中论及的相关优势表明，有必要将订单农业作为一个独特的法律领域单独考虑。

　　为此，监管机构需摸清并吃透订单农业相关法律制度（第2章），其中可能包含也可能不包含订单农业专门法。这里所说的法律制度包括现有多个来源的农业合同相关法律，来源多种多样，例如一般合同法、农业法、特定农产品法、供应链法和订单农业专门法等。此外，法律制度还涵盖其他法律领域，这些领域未必对合同本身有直接影响，但却关系到订单农业的经营或监管方式（第2章第2节）。最后，私营部门本身能够且应该参与创立订单农业监管制度，确保利益相关方参与。政府唯有先理解当下订单农业相关法律制度，然后才能评估得出在本国国情条件下支持订单农业发展的最优解。

　　政府可以通过激励措施和直接合同干预等不同举措支持订单农业（第3章），没有必要一律"一刀切"进行专门立法或实施监管改革，但政府确实能通过法律手段改善订单农业监管环境。事实上，法律手段有助于实现不经监管干预难以达成的某些公共政策目标（第3章第2节）。法律手段还有助于强制执行，从而给当事方更多法律保障和更强的法律确定性。

　　由于政府追求的具体公共政策目标不同，法律改革进程的范围和内容也不尽相同。例如，法律可增加内容、设立登记制，对合同、当事方或两者全部进行登记，一方面加强政府对国内订单农业情况的掌握，一方面提高透明度（第3章第2节（3）款）。

很多情况下，无论订单农业监管制度中是否存在专门法，以法律条文规定订单农业关系的主要内容常常收效甚佳（第4章）。实际上，法律有必要规定一份完整的农业生产合同的必备内容或条款。《2015年法律指南》指出，必备条款包括合同当事方、质量和数量要求、投入品供应、价款确定与支付、交付、适用法律以及纠纷解决。其中，非诉讼纠纷解决机制支持各方实现正义，十分行之有效。合同主要内容还包括监管机制，其宗旨在于支持、鼓励或监管订单农业。此外，应始终要求以书面形式达成协议。

法律制定得当有利于开展执法工作。例如，法律条文中可以说明罚款和行政处罚等违法后果，并通过法律形式赋予对口主管部门检查和监督权，加强行业管控（第4章第3节（3）款）。

本研究第4章详尽探讨了以上内容，为监管机构提供了各主要法律体系和语系中多个代表性国家的理念和实例。应注意，本研究并未分析所引法律在各国产生的实际影响，亦未指出潜在执法问题。因此，全书只能为有意修订订单农业监管制度的国家监管机构提供一般性指导。如欲实际应用本研究内容，须由具备资质的专家先行对国情进行深入分析。

参 考 文 献

Anderson, J. R. & Roumasset, J. A. 1996. *Food Insecurity and Stochastic Aspects of Poverty*. Asian Journal of Agricultural Economics，2（1）：53 – 66.

Barnes, D. & Ondeck, C. *The Capper-Volstead Act: Opportunity Today and Tomorrow*, Pittsburgh，PA，August 1997.

Burchi, S & D'Andrea A. 2003. *Preparing national regulations for water resource management. Principles and practice*. FAO Legislative Study 80. Rome.

Burgstaller, M. , Waibel, M. 2011. *Investment Codes*. Max Planck Encyclopaedia of Public International Law.

Christy, R. , Mabaya, E. , Wilson, N. , Mutambatsere, E. & Mhlanga, N. 2009. *Enabling environments for competitive agro-industries*. In C. Da Silva，D. Baker，A. W. Shepherd，C. Jenane and S. Miranda da Cruz. Agro-industries for development，pp. 136 – 185. Wallingford，UK，Centre for Agriculture and Biosciences International，with FAO and UNIDO.

Collins, D. 2015. *Performance Requirements and Investment Incentives Under International Economic Law*. Edward Elgar Publishing，Cheltanham.

Committee on World Food Security, Forty-first session. 2014. *Making a Difference in Food Security and Nutrition*. Rome，Committee on World Food Security.

Cotula, L. ; Berger, T. ; Knight, R. ; McInerney, T. F. ; Vidar, M. & Deupmann, P. 2016. *Responsible governance of tenure and the law. A guide for lawyers and other legal service providers*. Rome，FAO.

Cotula, L. , Vermeulen, S. , Leonard, R. and Keeley, J. 2009. Land grab or development opportunity? Agricultural investment and international land deals in Africa. IIED/FAO/IFAD，London/Rome.

Cummings, R. , Rashid, S. , & Gulati, A. 2006. *Grain price stabilization experiences in Asia: What have we learned?* Food Policy，31：302 – 312.

Da Silva, C. & Rankin, M. eds. 2013. *Contract farming for inclusive market access*. Rome，FAO. 217.

Da Silva, C. 2005. *The growing role of contract farming in agri-food Systems development: drivers, theory and practice.* Agricultural Management, Marketing and Finance Service. FAO, Rome. 30

Dang K., Trand, D., and Dung, V. *Contract farming in Vietnam-Policy review and emerging issues*, in: UNIDROIT 2014 - Study 80A-Doc. 20: The Legal Dimension of Contract Farming-Promoting Good Contract Practices between Producers and Buyers in Contract Farming Operations in the Asian Context (Bangkok, 26 September 2014) (Appendix 1, 15).

Darmanin, A. 2011. *European Self-and co-regulation.* European Economic and Social Committee. Single Market Observatory. Brussels.

De Schutter. 2011. *Interim report of the Special Rapporteur on the right to food.* transmitted to the United Nations General Assembly, 4 August 2011 Doc A/66/262. 21.

Demeke, M., Pangrazio. G. & Maetz, M. 2009. *Country responses to the food security crisis: Nature and preliminary implications of the policies pursued.* Rome, FAO.

Eaton, C. & Shepherd, A. 2001. *Contract farming: partnership for growth.* FAO agricultural services bulletin 145. Rome. 161.

EU. 2013. *Green Paper on unfair trading practices in the business-to-business food and non-food supply chain in Europe.* COM (2013) 37 final, Brussels. 22.

European Commission. 2010. *The interface between EU competition policy and the Common Agriculture Policy (CAP): Competition rules applicable to cooperation agreements between farmers in the dairy sector.* 31 pp. (available at: http://ec.europa.eu/competition/sectors/agriculture/working_paper_dairy.pdf).

FAO. 2003. *Development of a Framework for Good Agricultural Practices.* COAG/2003/6. Rome, FAO. 10.

FAO. 2004. *Leasing agricultural land.* FAO Land Tenure Notes 1. Rome, FAO. 21.

FAO. 2006. *Strengthening national food control systems. Guidelines to assess capacity building needs.* Rome, FAO.

FAO. 2010a. *The Second Report on the State of the World's Plant Genetic Resources for Food and Agriculture.* Commission on genetic resources for food and agriculture. Rome, FAO. 370.

FAO. 2012a. *Guiding principles for responsible contract farming operations.* Rome. 5.

FAO. 2016a. *The State of food and Agriculture. Climate change, agriculture and food security.* Rome, FAO. 173.

FAO. 2016b. *Multi-sectoral study on the Agribusiness Venture Arrangement policy and implementation under the Comprehensive Agrarian Reform Program.* Rome, FAO. 109.

FAO. 2017a. *The future of food and agriculture. Trends and challenges.* Rome. 163.

FAO. 2017b. *Contract farming and the law-What do farmers need to now?* Rome, FAO.

FAO. 2017c. *Legal aspects of contract farming agreements-Synthesis of the UNIDROIT/*

FAO/IFAD Legal Guide on Contract Farming，Rome，Italy.

Gicheru, Esther in UNIDROIT. 2014. *The legal dimension of contract farming. Promoting good contract practices between producers and buyers in contract farming operations in the African context.* Addis Ababa，31 October 2014.

Jull, C. 2016. *Promoting responsible investment in agriculture and food systems. Guide to assess national regulatory frameworks affecting larger-scale private investments.* Rome，FAO.

Konig, G. , da Silva, C. , Mhlanga, N. 2013. *Enabling environments for agribusiness and agro-industries development-Regional and country perspectives.* Rome，FAO.

Liu, P. 2007. *A Practical Manual for Producers and Exporters from Asia. Regulations, Standards and Certification for Agricultural Exports.* Rome，FAO. 60.

Liu, Pascal. 2014. *Impacts of foreign agricultural investment on developing countries: evidence from case studies.* Rome，FAO. 23.

Maru, V. 2006. *Between law and society: paralegals and the provision of justice services in Sierra Leone and worldwide.* Yale Journal of International Law，31: 427 - 447.

Masrevery, J. 1975. *Agrarian law and judicial systems.* Legislative Study no. 5. Rome，FAO. 96.

Mbengue, M. 2012. *National legislation and Unilateral Acts of States* In: T. Gazzini, E. Brabandere 2012，International Investment Law: The Sources of Rights and Obligations. Brill. 338.

Morgera, E. 2010. *Wildlife law and the empowerment of the poor.* FAO legislative study 103. Rome，FAO.

Morgera, E. , Bullon. C. & Duran, G. 2012. *Organic agriculture and the law.* FAO legislative study 107. Rome，FAO. 302.

Myong Goo Kang & Nayana Mahajan. 2006. *An introduction to market-based instruments for agricultural price risk management.* Agricultural management，marketing and finance working document 12. Rome，FAO. 42.

Neven, D. 2014. *Developing sustainable food value chains-Guiding principles.* Rome，FAO. 75.

Nkhata, M. 2014. *A legal perspective to contract farming in Malawi.* In UNIDROIT. 2014. *The legal dimension of contract farming. Promoting good contract practices between producers and buyers in contract farming operations in the African context.* Addis Ababa.

OECD. 2005a. *Competition and Regulation in Agriculture: Monopsony Buying and Joint Selling.* Competition Law & Policy OECD. 228.

OECD. 2013a. *Competition Issues in the Food Chain Industry.*

OECD. 2015. *Industry Self Regulation: Role and Use in Supporting Consumer Interests,* OECD Digital Economy Papers，No. 247，OECD Publishing，Paris. 63.

Parra, A. R. 1992. *Principles Governing Foreign Investment, As Reflected in National In-*

vestment Codes. ICSID Review-Foreign Investment Law Journal, Volume 7, Issue 2, 1, Pages 428 – 452.

Parra, A. R. 1996, *The scope of new investment laws and international instruments* in *Economic Development, Foreign Investment and the Law*. Kluwer Law.

Peck, A. 2006. *State regulation of production contracts*. Research project from the National Center for Agricultural Law Research. 10.

Poole, J. 2012. *Textbook on Contract Law* 11th edition. Oxford, Oxford University Press.

Pultrone, C. 2012. *An overview of Contract Farming: Legal Issues and Challenges*. Unif. L. Rev. 2012 – 1/2. 263 – 289.

Rankin, M., Gálvez Nogales, E., Santacoloma, P., Mhlanga, N. & Rizzo, C. 2016. *Public-private partnerships for agribusiness development-a review of international experiences*. Rome, FAO.

Rebeca, L., Martha, O. & Menguita-Feranil, M-L. 2015. *Gender Opportunities and Constraints in Inclusive Business Models-The Case Study of Unifrutti in Mindanao, Philippines*. Rome, FAO.

Reilly, J. 1992. *Cooperative Marketing Agreements-Legal Aspects*. United States Department of Agriculture, Agriculture Cooperative Service Research Report 106. 57.

Renda, A., Cafaggi, F., Pelkmans, J., Iamiceli, P., Correia de Brito, A., Mustilli, F., Bebber, L. 2014. Study on the legal framework covering business-to-business unfair trading practices in the retail supply chain. Final report. DG MARKT/2010/049/E.

Salacuse, J. 2013. *The Three Laws of International Investment: National Contractual, and International Frameworks for Foreign Capital*. Oxford. 472.

Shepherd, A. W. 2005. The *implications of supermarket development for horticultural farmers and traditional marketing systems in Asia*. Revised paper presented to the FAO/ Association of Agricultural And Food Marketing Agencies of Asia and the Pacific/Federal Agricultural Marketing Authority, Malaysia Regional Workshop on the Growth of Supermarkets as Retailers of Fresh Produce. Kuala Lumpur, 4 – 7 October 2004. 16.

Shepherd, Andrew. 2016. *An introduction to Contract Farming*. Technical Centre for Agricultural and Rural Cooperation. 8.

Simmons, P. 2003. Overview of Smallholder Contract Farming in Developing Countries. ESA Working Paper No, 02 – 04. Rome, FAO. p. 13

Solera, M. & Gamboa, J. 2005. *Agroindustria azucarera costarricense: un modelo organizacional ejemplar, Biblioteca de la Liga Agrícola Industrial de la Caña de Azúcar*. (also available at: https://www.laica.co.cr/biblioteca/servlet/DownloadServlet? c=443&s= 1777&d=2 441)

Sornorajah, M. 2004. *The International Law on Foreign Investment*. Cambridge University Press, Cambridge. 524.

Souvanthong, N. in UNIDROIT. 2014. *The legal dimension of contract farming. Promoting* *good contract practices between producers and buyers in contract farming operations in the Asian context*. Bangkok，26 September 2014.

Tanner, C. , Bicchieri, M. 2014. *When the law is not enough. Paralegals and natural resources governance in Mozambique*. FAO Legislative Study 110. Rome，FAO.

Tran Van Loi. 2015. *Novelties of the law on promulgation of legal normative document* 2015. National Legislative Development Project. 21.

UNCTAD. 2003. *Foreign Direct Investment and Performance Requirements*：*New Evidence from Selected Countries*. UNCTAD/ITA/IIA/2003/7.

UNIDROIT, FAO and IFAD. 2015. *UNIDROIT/FAO/IFAD Legal Guide on Contract Farming*. Rome. 233.

UNIDROIT/FAO/IFAD 2015. *The UNIDROIT/FAO/IFAD Legal Guide on Contract Farming-an overview*. 5 pp. （available at http：//www. unidroit. org/english/guides/2015 contractfarming/brochure-e. ）

UPOV. 2009. *Explanatory note on exceptions to the breeder's right under the 1991 Act of the UPOV Convention*. UPOV/EXN/EXC/1. Geneva，UPOV.

US Department of Justice. 2012. *Competition and Agriculture，Voices from the Workshops on Agriculture and Antitrust Enforcement in our 21st Century Economy and Thoughts on the way forward*. 24 pp. （available at https：//www. justice. gov/sites/default/files/atr/legacy/2012/05/16/283 291. ）

USAID. 2015. *Building an enabling environment for contract farming success*. Policy Brief No. 6.

Vapnek, J. , & Spreij, M. 2005. *Perspectives and guidelines on food legislation，with a new model food law*. FAO Legislative Study 87. Rome. 265.

Vapnek, J. , Pagotto, I. , Kwoka, M. 2007. *Designing national pesticide legislation*. FAO Legislative study 97. Rome，FAO.

Vermeulen, S. & Cotula, L. 2010. *Making the most of agricultural investment*：*a survey of business models that provide opportunities for smallholders*，IIED/FAO/IFAD/SDC，London/Rome/Bern. 106.

Wehling, P. , & Garthwaite, B. 2015. *Designing warehouse receipt legislation. Regulatory options and recent trends*. Rome，FAO.

Will, M. 2013. *Contract farming handbook. A practical guide for linking small-scale producers and buyers through business model innovation*. Deutsche Gesellschaft für Internationale Zusammenarbeit （GIZ） GmbH. 115.

World Bank. 2005. *Managing Food Price Risks and Instability in an Environment of Market Liberalization*. Washington D. C，World Bank.

World Bank. 2014. *An analytical toolkit for support to contract farming*. Washington

Yeshanew, S. 2016. *Assessment of International Labour Standards that apply to rural employment. An overview for the work of FAO relating to labour protection in agriculture*， *forestry and fisheries*. FAO Legal Papers no. 100. Rome，FAO. 25.

Yi, P. 2014. *Overview of the Legal Framework of Contract Farming for Producer-Buyer Relationships in Cambodia* in UNIDROIT（2014）The legal dimension of contract farming. Promoting good contract practices between producers and buyers in contract farming operations in the Asian context. Bangkok，26 September 2014.

各 国 法 律

阿根廷

Argentina. Contratos de elaboracion de vinos，（Ley 18. 600）.

Argentina，Rio Negro. Regimen de transparencia para la vinculacion entre la produccion，empaque，industria y commercializacion de frutas en Rio Negro，（E 3. 611）.

澳大利亚

Australia. Small Business and Unfair Contract Terms，（Act 2015 - No. 147）.

Australia. Australian Securities and Investments Commission Act 2001，（No. 51 of 2001）.

Australia. Competition and Consumer（Industry Codes—Food and Grocery）Regulation 2015.

Australia. Competition and Consumer（Industry Codes—Horticulture）Regulations 2017.

Australia. Treasury Legislation Amendment，（Small Business and Unfair Contract Terms）.

比利时

Belgium. Loi relative à l'intégration verticale dans le secteur de la production animale，（1976 - 04 - 01/32）.

玻利维亚

Bolivia. Ley del complejo productive de la caña de azúcar（No 307）.

巴西

Brazil. Dispõe sobre os critérios e procedimentos relativos à concessão，manutenção e uso do Selo Combustível Social（Portaria 337/2015）.

Brazil. Lei sobre os contratos de integração vertical nas atividades agrossilvipastoris（No 13. 288）.

柬埔寨

Cambodia. Civil Code.

Cambodia. Sub-Decree on Contract Farming（No. 36/2011）.

喀麦隆

Cameroon. Law to lay down private investment incentives in the Republic of Cameroon（2013/04）Section 3.

智利

Chile. Codigo Civil，（16 Mayo 2000）.

Chile. Ley crea un registro voluntario de contractos agrícolas（N° 20.797）.

中国

China. Implementation Regulations on Safety Assessment of Agricultural Genetically Modified Organisms.

哥斯达黎加

Costa Rica. Decreto Ejecutivo 28665：Reglamento a la Ley Orgánica de la Agricultura e Industria de la Caña de Azúcar N° 7818.

Costa Rica. Ley de la Creación de la Corporación Arrocera（Ley 8285）.

Costa Rica. Ley organica de la agricultura e industria de la cana de azucar，la asamblea legislative de la Republica de Costa Rica（Ley 7818）.

Costa Rica. Ley sobre el regimen de relaciones entre productores，beneficiadores y exportadores de café（Ley 2762）.

Costa Rica. Reglamento a la Ley N° 8285 de Creación de la Corporación Arrocera Nacional，Poder Ejecutivo de la República de Costa Rica（Decreto Ejecutivo 32968）.

萨尔瓦多

El Salvador. Ley de la produccion，industrializacion y comercializacion de la agroindustria azucarera de El Salvador（Decreto No. 490）.

欧盟

European Union. Consolidated version of the treaty on the functioning of the European Union（C 326/47）.

European Union. Council Directive 2008/119/EC of 18 December 2008，laying down minimum standards for the protection of calves，Article 4 and Annex I（11）.

European Union. Regulation（EU）No. 1308/2013 of the European Parliament and of the Council，of 17 December 2013 establishing a common organisation of the markets in agricultural products and repealing Council Regulations（EEC）No 922/72，（EEC）No 234/79，（EC）No 1037/2001 and（EC）No 1234/2007.

芬兰

Finland. Plant Breeder's Right Act，（1279/2009）.

Finland. Sale of Goods Act，（355/1987）.

法国

France. Arrêté du 15 mars 1988 relatif à l'homologation d'un contrat type d'intégration pour l'élevage à façon de veaux de boucherie.

France. Arrêté du 15 mars 1988 relatif à l'homologation d'un contrat type d'intégration pour la production de volailles de chair à façon.

France. Code de commerce.

France. Code rural et de la pêche maritime.

France. Décret n° 2010 - 1753 for the application of article L. 631 - 24 of the code rural et de la pêche maritime in the dairy sector.

France. Décret n° 2010 - 1754 for the application of article L. 631 - 24 of the code rural et de la pêche maritime in the fruit and vegetable sector.

France. Loi d'avenir pour l'agriculture，l'alimentation et la forêt（n° 2014 - 1170）.

格鲁吉亚

Georgia. Civil Code.

德国

Germany. Civil Code.

匈牙利

Hungary. Civil Code，Chapter XXXIV.

印度

India. Agricultural Produce Marketing Act，Addendum on Contract Farming Agreement And Its Model Specifications 9th Sept 2003.

Punjab，India. The Punjab Contract Farming Act（No. 30 of 2013）.

意大利

Italy. Norme sugli accordi interprofessionali e sui contratti di coltivazionee vendita dei prodotti agricoli（16 Marzo 1988 no. 88）.

Italy. Regolazioni dei mercati agroalimentari（102/2005）.

肯尼亚

Kenya. Agriculture，Fisheries and Food Authority-Horticulture Code of Conduct.

老挝

Lao People's Democratic Republic. Law on Investment Promotion（02/NA）.

马拉维

Malawi. Milk and Milk Products Act（67：05）.

Malawi. Sale of Goods Act（48：01）.

Malawi. Tobacco Industry（Integrated Production System）Regulations，Article 3（1）（e）.

Malawi：Meat and Meat Products Act（67：02）.

摩洛哥

Morocco. Loi relative à l'agrégation agricole（no 04 - 12）.

巴拿马

Panama. Código Agrario de la República de Panamá.

菲律宾

Philippines. Comprehensive Agrarian Reform Law of 1988，（RA 6657）.

俄罗斯

Russia. Гражданского кодекса.

南非

South Africa. Consumer Protection Act，（No. 68 of 2008）.

西班牙

Spain. Ley de enero，reguladora de los contratos tipo de productosagroalimentarios，（2/2000）.

Spain. Ley de medidas pare mejorar el funcionamiento de la cadenaalimentaria，（12/2013）.

Catalonia，Spain. Ley de contratos de integración，（2/2005）.

坦桑尼亚

Tanzania. Coffee Industry Act，2001，（Act No. 23 of 2001）.

Tanzania. Cotton Industry Act，（Act No. 2 of 2001）.

Tanzania. Pyrethrum Act，(No. 1 of 1997).

Tanzania. Sisal Industry Act，1997，(No. 2 of 1997). Tanzania. Sugar Industry Act，2001，(Act No. 26 of 2001). Tanzania. Tea Act，1997 (No. 3 of 1997).

Tanzania. Tobacco Industry Act 2001，(Act No. 24 of 2001). Thailand Thailand. Unfair Contract Terms Act，(B. E. 2540).

土耳其

Turkey. Regulation regarding procedures and principles of contract farming，(No 26858).

乌干达

Uganda， Coffee Regulations Statutory Instruments No. 261 of 1994，Regulation 25.

Uganda. Cotton (Establishment of Zones and Isolated and Segregated Areas) Regulations Statutory Instruments，(No. 40 of 2005).

Uganda. Investment Code Act，(Cap. 92)。

Uganda. Sale of Goods Act 1932.

英国

United Kingdom. The Groceries (Supply Chain Practices) Market Investigation Order 2009.

美国

Iowa. Producer Protection Act，September 2000.

Minnesota. The Minnesota Agricultural Contracts Act，(17. 90 – 19. 98).

Minnesota. Uniform Commercial Code，§ 336. 2 – 310.

United States of America. 7 U. S. C.，§ 196 – 197.

United States of America. Agricultural Fair Practices Act，(7 U. S. C. § § 2303).

United States of America. Packers and stockyards Act，(7 U. S. C. § 229b).

United States of America. UCC § 2 – 615.

USA. Sherman Antitrust Act，(U. S. C. § § 1 – 7).

Wisconsin. Producer agents，(Department of Agriculture，Trade and Consumer Protection (ATCP) 100. 16).

Wisconsin. Vegetable procurement contracts，(Chapter ATCP 101. 02).

委内瑞拉

Venezuela. Ley de tierras y desarollo agrario，(No. 1. 546)

越南

Viet Nam. Law on the promulgation of Legal Documents，(80/2015/QH13).

Viet Nam. Prime Minister's Decision 62/2013/QD-TTg.

津巴布韦

Zimbabwe. Agricultural Marketing Authority（Grain，Oilseed and Products）By-laws，(Statutory Instrument 140 of 2013).

Zimbabwe. Plant Breeders Rights Act（Chapter 18：16）.

案　　例

H. G. Oude Luttikhuis and others Verenigde Coöperatieve Melkindustrie Coberco BA. European Court Reports 1995 I－04515. Case C－399/93.（Judgment of the Court of 12 December 1995）.

条 约 与 协 定

Agreement on Trade-Related Aspects of Intellectual Property Rights，Apr. 15，1994，Marrakesh Agreement Establishing the World Trade Organization，Annex 1C，Legal Instruments-Results of the Uruguay Round，vol. 31，33 International Legal Materials 1197 （1994）as amended on 23 January 2017.

Council of Europe，European Convention for the Protection of Human Rights and Fundamental Freedoms，as amended by Protocols Nos. 11 and 14，4 November 1950，European Treaty Series 5.

European Union. Consolidated version of the treaty on the functioning of the European Union （C 326/47）.

International Convention for the Protection of New Varieties of Plants，as revised at Geneva on 19 March 1991. L192，22/07/2005，p. 64.

Organization of African Unity（OAU），African Charter on Human and Peoples' Rights （"Banjul Charter"），27 June 1981，CAB/LEG/67/3 rev. 5，21 International Legal Materials 58（1982）.

Organization of American States（OAS），American Convention on Human Rights，"Pact of San Jose"，Costa Rica，22 November 1969.

The European Parliament，the Council of the European Union and the commission of the European Communities. Interinstitutional agreement on better law-making. OJ C 321，31. 12. 2003，pp. 1－5.

United Nations General Assembly，International Covenant on Civil and Political Rights，16 December 1966，United Nations，Treaty Series，vol. 999，p. 171.

United Nations General Assembly，Universal Declaration of Human Rights，10 December 1948，217 A（Ⅲ）.

图书在版编目（CIP）数据

订单农业监管制度研究／联合国粮食及农业组织编著；康菲等译．—北京：中国农业出版社，2021.6
（FAO中文出版计划项目丛书）
ISBN 978-7-109-28160-8

Ⅰ.①订… Ⅱ.①联… ②康… Ⅲ.①农业经济－经济合同－研究 Ⅳ.①D913.64

中国版本图书馆CIP数据核字（2021）第083881号

著作权合同登记号：图字 01-2021-2170 号

订单农业监管制度研究
DINGDAN NONGYE JIANGUAN ZHIDU YANJIU

中国农业出版社出版
地址：北京市朝阳区麦子店街18号楼
邮编：100125
责任编辑：王秀田
版式设计：王　晨　　责任校对：吴丽婷
印刷：北京中兴印刷有限公司
版次：2021年6月第1版
印次：2021年6月北京第1次印刷
发行：新华书店北京发行所
开本：700mm×1000mm　1/16
印张：6.25
字数：130千字
定价：48.00元